Plantéate esto

CHUCK
PALAHNIUK

Plantéate esto

Momentos de mi vida como escritor que lo cambiaron todo

Traducción de Javier Calvo

RANDOM HOUSE

Papel certificado por el Forest Stewardship Council®

Título original: *Consider This*

Primera edición: septiembre de 2022

Printed in Spain – Impreso en España

ISBN: 978-84-397-4042-1
Depósito legal: B-11.811-2022

Compuesto en La Nueva Edimac, S.L.
Impreso en Egedsa (Sabadell, Barcelona)

RH40421

A Tom Spanbauer, con gratitud y respeto

ÍNDICE

NOTA DEL AUTOR

Este libro contiene los mejores consejos de muchas personas brillantes. La mayoría de esas personas están acreditadas, pero hay dos que no. Se trata de Wes Miller, que editó este manuscrito para Grand Central, y de Scott Allie, que ya había editado el manuscrito un año antes de que Wes lo viera y que más tarde se encargaría de las ilustraciones para los tatuajes. Lo que funciona aquí, funciona gracias a su considerable ayuda.

El segundo plato de mis agradecimientos es para Sara Reinhart, por su ayuda al elegir las ilustraciones, y al artista Toby Linwood de Tattoo 34, en Portland. No os tatuéis con cualquiera, hacedlo con Toby.

INTRODUCCIÓN

Me he pasado la mayor parte de mi vida sin mirar el saldo de mis cuentas bancarias. Me resultaba demasiado deprimente ver el poco dinero que había ahorrado. Lo poco que había conseguido en la vida.

Siempre y cuando me llegara para pagar las facturas, no me interesaba saber con exactitud cómo de pobre era. Por la misma razón, siempre he dejado para más adelante escribir un libro sobre la escritura. No quería hacer frente a lo poco que puedo ofrecer sobre ese tema. A lo tonto que sigo siendo después de tanto tiempo y tanta práctica.

Mi formación se reduce a un máster de escritura modalidad mesa de cocina, ya que me lo saqué sentado primero en la cocina de Andrea Carlisle, luego en la cocina de Tom Spanbauer y por fin en las cocinas de Suzy Vitello y Chelsea Cain. Empecé los cursos en 1988 y todavía no he terminado. No hay ceremonia de graduación ni tampoco diploma.

El primer taller de escritura que hice fue el de Andrea, y lo integraba una gente bastante agradable. Al cabo de un par de años, Andrea se me llevó aparte. Aquella semana yo le había mandado una escena donde un hombre luchaba por consumar el acto sexual con una muñeca inflable que no paraba de desinflarse. Terminaría usando esa misma escena en mi novela *Snuff,* quince años más tarde. De parte de los demás escritores, Andrea me dijo que yo no encajaba en el grupo. Que, debido a mi narrativa, nadie se sentía seguro conmigo. A modo de consuelo, me sugirió que estudiara con otro escritor, Tom Spanbauer, que se acababa de mudar de Nueva York a Portland.

Tom. El taller de Tom era distinto. Nos reuníamos en una casa declarada en ruina que se había comprado con el plan de renovarla. Nos sentíamos como delincuentes ya solo por desobedecer el letrero grapado a la puerta que decía: PELIGRO. PROHIBIDA LA ENTRADA. El anterior propietario había sido un ermitaño que forraba el interior con láminas de plástico transparente y mantenía el aire constantemente caliente y húmedo para cultivar su enorme colección de orquídeas. La casa se había podrido de dentro afuera, hasta quedar solo unos cuantos tablones en el suelo capaces de soportar el peso de una persona. La escritora Monica Drake se acuerda de la primera vez que llegó a una clase allí y se encontró con que se habían hundido todos los porches. Deambuló alrededor de la casa, sin saber muy bien cómo llegar a ninguna de las puertas, que quedaban bastante por encima del jardín invadido de maleza y lleno de chatarra. Para Monica, ese salto imposible por encima de los cristales rotos y los clavos oxidados siempre ha representado el desafío de llegar a ser escritora profesional.

Hablando del jardín, Tom nos dijo que cortar los tallos de las zarzamoras y llevarnos con carretillas los montones de basura sería algo que nos uniría como equipo. No bastaba con traer nuestros manuscritos para someterlos a crítica. También teníamos que pasarnos el fin de semana desenterrando latas de sopa con los bordes dentados y gatos muertos y llevándolo todo al vertedero. ¿Y qué sabíamos nosotros? Teníamos veintipocos años, así que obedecíamos, y Tom nos preparaba aceitosos sándwiches de atún para almorzar. Las sesiones del taller en sí eran más convencionales, aunque no mucho más. Si nos sentíamos creativamente bloqueados, a veces sacaba las monedas del I Ching o nos mandaba a consultar a sus médiums favoritos de Seattle. Traía a otros escritores, entre ellos Peter Christopher y Karen Karbo, que pudieran enseñarnos lo que él no podía. Lo que se llevaba a cabo allí no eran tanto clases como diálogos. Y eso mismo es lo que me gustaría que fuera este libro: un diálogo. No soy solo yo quien os habla. Hay que dar crédito a quien lo merece: son también mis maestros, y los maestros de sus maestros, remontándonos hasta la era de las cavernas. Hay lecciones que tienen eslabones en el pasado y en el futuro. Alguien, que puedo ser yo o cualquier otro, las tiene que organizar y seleccionar.

Aun así, me siento dividido.

Uno de los factores que me han llevado a escribir este libro es el recuerdo del Peor Taller de Escritura de Todos los Tiempos. Lo impartió un editor de la Costa Oeste que capta a sus alumnos por correo. Sus panfletos satinados lo anuncian como una especie de Editor de las Estrellas, e incluyen una lista de legendarios escritores muertos a los que afirma que cogió cuando eran algarrobas y los convirtió en canela fina.

Esa formación le cuesta a cada candidato varios miles de dólares, que se han de pagar varias semanas por adelantado. El Editor de las Estrellas llega con gran pompa a la ciudad anfitriona para pasar allí un fin de semana de tres días; se aloja en un hotel de lujo y da sus clases en una sala de conferencias del hotel. No hace falta decir que la única gente que se puede permitir sus tarifas es rica. En su mayoría son esposas de hombres ricos, junto con un par de profesores universitarios titulares... y yo. En cada una de las tres sesiones los alumnos nos juntábamos, leíamos nuestro trabajo y esperábamos. Todo el mundo miraba al Editor de las Estrellas, que suspiraba profundamente y nos pedía que comentáramos la obra en cuestión.

Esta estrategia permitía a los demás alumnos sentirse inteligentes y a la vez ayudaba a que corriera el reloj. Llovían las opiniones, pero no abundaban los consejos prácticos. De hecho, normalmente no había ningún consejo práctico. Las opiniones chocaban, y las discusiones resultantes consumían más tiempo. Durante aquel festival de la cháchara, el Editor de las Estrellas se dedicaba a actualizar sus listas de correo, echar vistazos a los mensajes de su teléfono y asentir sabiamente con la cabeza.

En los últimos momentos del debate, el Editor intervenía aportando alguna variación de «Este divertido texto demuestra una gran sensibilidad, deberías alargarlo y convertirlo en novela». O bien: «Tu obra es tan prometedora como lo era la de [insertar a algún escritor muerto al que el Editor afirmaba haber descubierto e instruido hasta alcanzar la grandeza: Hemingway, Faulkner, Harriet Beecher Stowe]. Por favor, persevera».

Muchos momentos en que te tomaba las manos. Muchos elogios. Cuando llegaba el domingo por la tarde, cada uno de sus veinticinco alumnos había recibido una palmadita amable en la cabeza pero ninguna información útil. Y el Editor de las Estrellas se marchaba de la ciudad con cuarenta mil dólares en el bolsillo.

Después de ser testigo de aquella estafa, decidí que escribiría un libro. Algún día. Un manual amable pero sin zalamerías que ofreciera más información práctica de la que solían dar una docena de aquellos gurús de la escritura infladores de precios. Pese a todo, seguía percibiendo un conflicto.

Lo que me frenaba eran los muertos. Cuando hago recuento de la gente que me ha ayudado, de los libreros y colegas escritores, me encuentro con que muchos han muerto. Me encanta conocer a mucha gente, pero la desventaja que eso tiene es que hay que ir a muchos funerales. Escribir este libro significaría rendir homenaje a esa gente. Pero sería una tarea triste.

Otra razón para no avanzar era mi mejor maestro. En el momento de escribir esto, Tom Spanbauer ha dejado la enseñanza. Me dice que se siente un fraude. Se ha pasado tres décadas defendiendo la idea de que la gente normal, la gente con trabajos de ocho a cinco, la gente de familia obrera, podía escribir historias que llegaran al mundo. Y muchos de sus alumnos han tenido éxito, como por ejemplo Monica Drake, Stevan Allred, Joanna Rose, Jennifer Lauck y yo. Pero la carrera de Tom ha languidecido, y la rutina de dar clases de narrativa le ha empezado a parecer una estafa.

Hay más razones. Tom no está demasiado bien de salud. Pero eso es demasiado personal para abordarlo aquí.

Tom enseña a sus alumnos técnicas prácticas y eficaces que mejoran una obra al instante. Muchas de esas técnicas las aprendió del célebre editor y autor Gordon Lish. Tom orienta a los lectores hacia los autores a los que merece la pena emular. Ayuda a sus alumnos a ponerse en contacto con agentes y editores. Y lleva haciéndolo en su casa declarada en ruina todas las semanas desde 1990, cuando les cobraba a sus alumnos veinte dólares por sesión. Pero es lo bastante honrado para preocuparse por sus posibilidades de éxito en el mercado del libro.

Compárese esto con el Editor de las Estrellas, que cobra miles de dólares. No le importa el trabajo de sus alumnos. Los conoce durante tres días. Les dice que son brillantes y que el mundo editorial es suyo. Después se larga de la ciudad y nadie lo vuelve a ver.

Si voy a escribir este libro, prefiero pecar de pesimista.

Si tienes la determinación real de escribir, nada de lo que pueda decir aquí te detendrá. Pero si no la tienes, nada de lo que te pueda decir te convertirá en autor o autora.

Dicho esto, si vinieras a mí y me pidieras que te enseñara todo lo que sé, te diría que la industria editorial está conectada a un pulmón artificial. Bret Easton Ellis me cuenta que la novela ya no tiene relevancia alguna en la cultura. Llegas demasiado tarde. La piratería ha destruido los beneficios. Los lectores se han pasado todos a ver las películas y los videojuegos. Te diría: «¡Vete a tu casa, anda!».

Nadie nace para trabajar de esto. Se trata de contar historias, sí. Pero cuando te conviertes en autor, buscas a otros autores igual que un vampiro de Anne Rice busca vampiros que le hagan de mentores. Yo tuve suerte. Mi primer libro recibió el apoyo de cuatro grandes escritores: Robert Stone, Katherine Dunn, Thom Jones y Barry Hannah. Y con la excusa de darles las gracias, me dediqué a acosarlos. Stone vino a Portland para participar en una mesa redonda sobre Zelda Fitzgerald. Cuando lo conocí en el hotel Heathman, me dijo: «Para que algo aguante el paso del tiempo, tiene que estar hecho de granito o de palabras» («For a thing to endure, it must be made of either granite or words»).

Este libro es, en cierta manera, un cuaderno de notas de mi vida como escritor. Desde comprar en el mercadillo de la catedral de Barcelona con David Sedaris hasta tomar unas copas en el Cognac con Nora Ephron meses antes de que muriera. Hasta los años de correspondencia esporádica que tuve con Thom Jones e Ira Levin. He acosado a bastantes mentores en busca de consejo.

Por consiguiente, si volvieras otro día y me pidieras que te enseñara, te diría que llegar a ser autor o autora requiere más que simple talento y habilidad. He conocido a escritores fantásticos que nunca terminaron ningún proyecto. Y a escritores que ponían en marcha unas ideas fantásticas y luego nunca las ejecutaban de forma satisfactoria. Y he visto a escritores que vendían un solo libro y el proceso los desilusionaba tanto que ya nunca escribían otro. Voy a parafrasear a la escritora Joy Williams, que dice que los escritores tienen que ser lo bastante listos como para concebir una idea brillante, pero también lo bastante aburridos como para investigarla, teclearla, corregirla y recorregirla, encontrar comprador para el manuscrito, revisarlo, revisarlo, re-revisarlo, leerse las primeras correcciones, corregir las galeradas, aguantar el tedio de las entrevistas y escribir los textos promocionales, y por fin viajar a una docena de ciudades y firmar ejemplares para miles o decenas de miles de personas…

Y entonces te diría: «Y ahora, largo de mi porche».

Pero si volvieras por tercera vez, te diría: «Colega… No digas que no te avisé».

Robert Stone

POSTAL DE LA GIRA

Bob Maull me daba un miedo de cojones. Debía de llegar a la altura del pecho de la mayoría de la gente, tenía una mata de pelo canoso y bigote de morsa. Era el dueño de la librería Twenty-Third Avenue Books de Portland, Oregón, y también había fundado la Asociación de Libreros del Pacífico Noroeste. Cuando ya has publicado y estás intentando ganarte la vida, te das cuenta de que esas asociaciones regionales de libreros son un gran aliado. En agosto de 1996, cuando se publicó la edición en tapa dura de *El club de la lucha*, firmé ejemplares en su librería. Se me llevó aparte y me dijo: «Chaval...».

Yo tenía treinta y cuatro años y seguía trabajando a jornada completa en Camiones Freightliner. Cuando estábamos en la cadena de montaje de camiones, donde yo había entrado en el turno de noche en 1986, los representantes de los proveedores –de Rockwell, Cummins Diesel, Jacobs Engine Brakes– nos traían donuts. Para ganarse nuestra simpatía, nos ponían delante unas cajas de color rosa grandes como maletas atiborradas de donuts de crema bávara y donuts de mermelada, todo relleno y cubierto de fideos de chocolate y de coco rallado. Una broma favorita entre mis amigos era meter el pitorro de una pistola engrasadora en unos cuantos donuts y rellenarlos de grasa para ejes. Luego te quedabas mirando desde el otro lado de las cubas de alambre para piezas y esperabas a que alguien mordiera uno de aquellos donuts adulterados.

Me había licenciado en periodismo en 1986, y éramos tantos en la cadena de montaje los que teníamos el mismo título que solíamos decir en broma que la Facultad de Periodismo de la Universidad de Oregón debería enseñar a soldar. Los operarios de la cadena que sabían soldar se llevaban una prima de soldador de tres dólares extra la hora.

Después de mi primera gira promocional, renuncié a todos mis sueños de escapar de aquella fábrica. A mi evento del Barnes & Noble del centro de Seattle asistieron dos personas. En San Francisco, donde me llevaron en coche hasta un Barnes & Noble de Livermore –dos horas de trayecto–, no apareció nadie. Para aquello había malgastado yo mi semana anual de vacaciones, y luego me tocó volver a Portland y a Camiones Freightliner.

En Twenty-Third Avenue Books, Bob me dijo:

–Si quieres hacer carrera en esto, tienes que sacar un libro nuevo cada año. Nunca dejes pasar dieciséis meses sin sacar algo nuevo, porque después de dieciséis meses la gente dejará de venir a preguntarme si tienes libro nuevo.

Un libro al año, entendido. La suerte estaba echada.

Bob conocía el negocio, y ser autor no es más que tener un pequeño negocio. Requiere una licencia y... todo lo demás. Una vez el Ayuntamiento me contactó para pedirme un inventario de mis existencias. Les dije que era escritor y que mis existencias eran ideas. El Ayuntamiento me preguntó si tenía bolígrafos o lápices en mi mesa. Les dije que sí. Me pidieron que contara todos los bolígrafos y lápices que tuviera por ahí y que presentara un informe anual declarándolos mi inventario actual. No lo decían de broma. Tampoco yo estoy bromeando. Y Bob tampoco estaba de broma.

–Y otra cosa –me advirtió–: no uses muchas comas. La gente odia las frases con muchas comas. Escribe con frases cortas. A los lectores les gustan las frases cortas.

Bob se jubiló y se mudó a Cabo Cod, donde se volvió un fanático de los Red Sox y se murió.

Twenty-Third Avenue Books cerró.

Bendito seas, Bob Maull. Que una de tus muchísimas tumbas esté siempre en mi cabeza.

TEXTURAS

Empecemos.

Piensa en una historia como en un flujo de información. En el mejor de los casos es una serie cambiante de ritmos. Ahora imagínate que tú, el escritor, eres un DJ que mezcla temas.

Cuanta más música tengas para samplear –cuantos más discos puedas poner–, más probable será que puedas hacer bailar todo el tiempo a tu público. Tendrás más trucos para controlar el ambiente. Podrás crear momentos de calma. Y también armar crescendos. Pero siempre tendrás que introducir cambios, variaciones, hacer evolucionar el flujo de información para que parezca fresco e inmediato y mantenga al lector enganchado.

Si fueras alumno mío, querría que fueras consciente de las muchas «texturas» distintas de información que tienes a tu disposición. Esas texturas se definen mejor por medio de los ejemplos siguientes.

TEXTURAS: LOS TRES TIPOS DE COMUNICACIÓN

Descripción: un hombre entra en un bar.

Instrucción: entra en un bar.

Exclamación (onomatopeya): *Ay*, suspiró.

La mayor parte de la narrativa consiste únicamente en descripción. Por ejemplo: «Un hombre entra en un bar y se pide un margarita. Muy fácil de hacer. Mezclas tres partes de tequila con dos partes de triple seco y una parte de zumo de lima, lo sirves sobre hielo y –voilà– tienes un margarita».

Usar las tres formas de comunicación crea un estilo natural y coloquial. Descripciones combinadas de vez en cuando con instrucciones y salpicadas de efectos de sonido o exclamaciones: es como habla la gente.

Las instrucciones se dirigen al lector, rompiendo la cuarta pared. Sus verbos son activos e impactantes: «Ven aquí ahora mismo». O bien: «Busca la casa roja que hay cerca de Ocean Avenue». E implican información útil y fáctica, lo cual construye tu autoridad. Fíjate en la novela *Se acabó el pastel* de Nora Ephron, cómo la autora llena la historia de recetas.

En mi relato «Tripas», incurro en un largo pasaje de instrucciones: «... ve a comprar un paquete de esos condones de tripa. Saca uno y desenróllalo. Llénalo de mantequilla de cacahuete. Úntalo de vaselina. Luego intenta rasgarlo. Intenta romperlo por la mitad». El cambio de la descripción momento a momento al aparte de instrucciones crea tensión porque interrumpe temporalmente la acción. Y después, bum, volvemos a la descripción de acontecimientos.

Cierto, la mayor parte de lo que escribas será descripción, pero no vaciles en pasar a las instrucciones. Asimismo, las onomatopeyas no tienen por qué limitarse a los «pum» y «bam» que vemos en los tebeos. En mi novela *Pigmeo*, cada vez que necesitaba alguna clase de pausa a media frase que acentuara el final de un pasaje... «Atrapado todo el día, podía pasar durante la siguiente caminata al lavabo que... *pum-pum*... un coágulo noqueara el cerebro». Doy énfasis al efecto del final de la frase a base de interrumpir la descripción con un ruido brusco de efectos especiales.

Para concluir, una vez durante mi primer año de universidad, antes de una clase de alemán que teníamos a primera hora de la mañana, oí que un tipo contaba una historia así:

–Y tomamos una curva muy larga y ñiiiiiiiiiaaooo, y bruuuum, y nos cruzamos con un coche de policía...

Una chica que estaba escuchando se me acercó y me dijo en voz baja:

–¿Por qué los hombres siempre usan efectos de sonido cuando cuentan historias pero las mujeres nunca?

Una excelente observación. Aprende de ella.

Todo el mundo debería usar tres tipos de comunicación. Tres partes de descripción. Dos partes de instrucciones. Una parte de onomatopeyas. Mézclalas a tu gusto.

TEXTURAS: MEZCLAR LOS PUNTOS DE VISTA DE LA PRIMERA, LA SEGUNDA Y LA TERCERA PERSONA

Piensa en un buen chiste. «Ayer entré en un bar. Ya sabes. Entras en un bar y esperas encontrarte a un camarero, y quizá una máquina de póquer. Hay que distraerse. Nadie quiere salir del trabajo, entrar en un bar y encontrarse a un pingüino mezclando copas...».

Al conversar alternamos los puntos de vista de la primera, la segunda y la tercera persona. Ese cambio constante controla los niveles de intimidad y autoridad de nuestra historia; por ejemplo, «entré» tiene la autoridad de la primera persona. La segunda persona se dirige a los oyentes y los capta: «entras». Y el cambio a la tercera persona controla el ritmo: «nadie quiere», pasando de lo específico, «yo», a lo general, «nadie».

Se puede decir que la primera persona posee una mayor autoridad porque nos ofrece a alguien responsable de la historia, por oposición a la narración en tercera persona de un escritor divino, oculto y desconocido. La segunda persona funcionaba bien en *Luces de neón* de Jay McInerney. Puede tener un efecto hipnótico, pero también puede ser difícil. A menos que la trama sea buena, rápida y corta, la segunda persona constante puede molestar.

Gran parte de este libro tratará de reconocer las cosas que hacen los buenos narradores de forma intuitiva.

Si fueras alumno mío, te diría que mezclaras los tres puntos de vista en función de la necesidad. No de forma constante, pero sí cuando te vaya bien para controlar los niveles de autoridad y de intimidad y el ritmo.

TEXTURAS: VOZ GRANDE FRENTE A VOZ PEQUEÑA

Lo has visto en chorrocientas mil historias. Cada vez que Carrie Bradshaw se sienta ante el portátil para escribir su columna para el periódico en *Sexo en Nueva York*... Cada vez que Jane Fonda le abre su corazón a su psiquiatra en *Klute*... la historia pasa a la voz grande.

La cámara es la voz pequeña. El recurso de la voz en off es la voz grande.

La voz pequeña (también llamada el Ángel que Graba porque parece flotar por encima de la gente y mirar) narra la acción a tiempo real. La voz grande la comenta.

La voz pequeña mantiene la objetividad, nos muestra los olores, sonidos, sabores, texturas y acciones de una escena. La voz grande cavila.

La voz pequeña nos comunica los hechos. La voz grande nos transmite su significado, o por lo menos la interpretación subjetiva que hace un personaje de los hechos.

No existen muchas historias que no combinen las dos voces. En *Star Trek* es el diario del capitán. En *Flashdance* es el confesionario de la iglesia católica. En la película *La red social*, las secuencias expositivas de la voz grande son las escenas de las declaraciones ante el juez. A intervalos regulares, algún personaje va a hablar de su vida con un psicólogo. O bien se pone a escribir una carta, o una entrada de diario, pero la cuestión es que se eleva por encima de la realidad garbancera de los verbos físicos. Se pone a hacer preguntas retóricas en nombre del lector, al estilo del «¿Soy la única a la que no le gusta el sexo anal?» de Carrie Bradshaw. En *Sunshine Cleaning*, Amy Adams usa una radio de radioaficionado para hablar con su madre muerta. Margaret le pregunta a Dios: «¿Estás ahí?». En *Young Adult*, Charlize Theron recurre a la escritura terapéutica en calidad de narradora adolescente de los libros juveniles de su personaje.

En mis libros, el mecanismo para introducir la voz grande suele ser alguna forma de no ficción que emerge de la vida del personaje. En *Monstruos invisibles*, son las «postales del futuro» que los personajes escriben pero no mandan. En *Superviviente*, es la caja negra del avión de pasajeros condenado. En *Asfixia* es el Cuarto Paso, la autobiografía que escribe el adicto que se está recuperando. Esa historia es el arranque de la novela, pero enseguida da paso a una escena física.

Pese a esto, considero que la voz grande quizá no sea la mejor manera de enganchar al lector al principio de la historia. En *El gran Gatbsy*, Fitzgerald dedica gran parte del primer capítulo a hacer una errática descripción del desengaño amoroso del narrador. Lo mismo pasa con el monólogo inicial de *El zoo de cristal*. Ambas historias necesitan establecer que los acontecimientos se están contando a posteriori. Nos piden que nos involucremos en el pesar y la inocencia perdida del narrador. Solo después dan paso al flashback y proceden a contarnos con detalle cómo tuvo lugar el desengaño.

Sí, a los victorianos les encantaba «poner un pórtico» al principio de las novelas. Por ejemplo: «Era el mejor de los tiempos, era el peor de los tiempos... bla, bla, bla». Pero hoy en día eso no vende. Con perdón de Nick Carraway, no habrá mucha gente a quien le enganche la machoexplicación que nos pueda dar un pijo de su supuesto desengaño amoroso.

Hoy en día es más probable que una buena historia arranque con una escena física: alguien que encuentra un cadáver o que es amenazado por zombis. Voz pequeña, no voz grande. La culpa es del cine. Son inicios que copian esas escenas iniciales «con gancho» de las películas. Como me dijo Thom Jones: «La acción posee autoridad en sí misma» («Action carries its own authority»). El público se involucra en la acción.

Thom Jones

Un aparte: los traductores extranjeros te adorarán si usas verbos concretos. Igual que la acción de las películas de acción, en la narrativa los verbos conservan la eficacia al traducirse a otros idiomas. Un beso sigue siendo un beso. Un suspiro sigue siendo un suspiro.

En la segunda escena o el segundo capítulo ya te puedes arriesgar a usar la voz grande. Acuérdate: primero vemos a Indiana Jones robar una tumba y tratar de escapar por entre serpientes venenosas y cadáveres putrefactos. Las serpientes, los esqueletos y los dardos envenenados nos provocan una reacción física. Cuando ya estamos inundados de adrenalina, *entonces* ya lo podemos ver dando una aburrida charla en un aula. Solo en el porno funciona mejor poner las partes habladas primero.

Piensa también que esa voz grande no siempre se manifiesta con palabras. Mira esas historias en que un proyecto artístico enorme sirve para comentar o clarificar los pensamientos del protagonista. En *El día de la langosta* es el mural enorme que Todd está pintando en su apartamento. Titulada *La quema de Los Ángeles*, la obra en progreso muestra a todos los personajes de la novela involucrados en un infierno de inspiración clásica y arquitectura ridícula. Asimismo, en *Encuentros en la tercera fase*, Richard Dreyfuss exterioriza sus obsesivos pensamientos a base de pasar la mayor parte de la película esculpiendo una réplica de la Torre del Diablo de Wyoming, una réplica que ocupa una sala entera. En la versión cinematográfica de mi libro *Asfixia*, el pasado se va acumulando en forma de otro mural.

Y sí, una pequeña cantidad de voz grande da para mucho. Funciona de maravilla para preparar una escena. Y funciona de maravilla para subrayar un punto de la trama. Si fueras alumno mío, te diría que redujeras al mínimo la tendencia a filosofar de tu voz grande. Cada vez que pasas a la voz grande, sacas de golpe a tu lector del sueño de la ficción, así que el exceso de comentarios puede ralentizar la historia y hacerle perder ímpetu. Y también puede molestar por resultar pretencioso o moralista y por dictar cuáles han de ser las reacciones del lector.

Aun así, cambiar a la voz grande durante tramos breves te permitirá sugerir el paso del tiempo. Y también puede dar un respiro entre escenas donde hay mucha acción física. Y además te permite resumir brevemente la acción previa y comunicar algún meme ingenioso o sabio sobre la vida.

TEXTURAS: ATRIBUCIÓN

Con lo de atribución me refiero a esos pequeños letreritos que se insertan en los diálogos y que nos indican quién ha dicho qué.

Por ejemplo: «No me obligues a parar el coche», dijo ella.

O bien: Él preguntó: «¿Quién te crees que eres, Ross Perot?».

Demasiado a menudo vemos cascadas de una página de largo de diálogo sin atribuir. Personajes que intercambian pullas sin un asomo de gestos ni acciones. Pronto terminamos confundidos y contando hacia atrás para averiguar quién ha dicho qué.

En el cine mudo, los actores hacían aspavientos con las manos y muecas para comunicarse, sin más diálogo que alguna frase ocasional en forma de intertítulo. Las primeras películas habladas pasaron a hacer lo contrario. Los toscos micrófonos obligaban a todo el equipo a apiñarse en grupos estáticos frente a los actores. Nadie se atrevía a moverse. Hicieron falta años para que los cineastas pudieran combinar el enorme vocabulario físico de la era del cine mudo con el diálogo ingenioso y teatral de los inicios de la era hablada.

Lo ideal es que combines gestos, acciones y expresiones con tus diálogos.

En primer lugar, usa la atribución para evitar confundir al lector. ¡Evita a toda costa que tu lector se sienta tonto! Te conviene hacer que tu lector se sienta listo, más listo que el protagonista. De esa forma el lector simpatizará con el personaje y se pondrá de su lado. Scarlett O'Hara es encantadora y lista y sabe convencer a los hombres de que es hermosa. Tenemos todas las razones imaginables para odiarla y estar resentidos con ella, pero al mismo tiempo es demasiado tonta para reconocer que Rhett Butler es su alma gemela. De forma que nos enganchamos a ella. Nos sentimos superiores, y a nuestro estilo de voyeurs paternalistas y condescendientes, queremos que se espabile. En cierta manera, la «adoptamos».

Por tanto, usamos la atribución para impedir que el lector se sienta un tonto que se pierde en los diálogos largos. Mejor todavía: te diría que *nunca* uses diálogos muy largos, pero ya llegaremos a eso.

En segundo lugar, usa la atribución para crear un momento de... nada. Un momento insulso y vacío, como el silencio que se deja entre notas musicales. La teoría es que los lectores no subvocalizan el «dijo». Saltan visualmente por encima de él y aterrizan con más fuerza en el diálogo que le sigue. Por ejemplo: «Enfermera –dijo–. Tráigame un páncreas nuevo, deprisa».

Usa la atribución para controlar la articulación del diálogo, creando la misma pausa dramática que insertaría un actor. De otra manera, el lector pasará a toda prisa por la línea de diálogo sin entender cómo hay que ponderarla.

En tercer lugar, usa las acciones físicas como forma de atribución que subraya o quita peso a lo que se está diciendo. Por ejemplo: «"¿Café?" De espaldas a la habitación, llenó las tazas y echó cianuro en la de Ellen. "Creo que te gustará este nuevo tueste francés"».

O bien: «¿Vampiros? –Declan sonrió maliciosamente, pero se llevó la mano al pecho, donde de niño había llevado un crucifijo–. Estás diciendo tonterías».

Crea tensión a base de oponer los gestos de tu personaje a sus palabras. Tus personajes tienen brazos, piernas y caras. Úsalos. Usa la atribución. Controla la articulación del diálogo. Apóyalo con acciones, o bien niégalo con acciones. Y, por encima de todo, no confundas al lector dejando poco claro quién dice qué.

Para concluir, un lector me mandó los resultados de un estudio de la Universidad de California en Los Ángeles. Siempre hay alguien que se dedica a recortar esas cosas de la revista *Scientific American* y a mandármelas. Pero ese estudio se centraba en cómo se comunica la gente en las conversaciones. Y revelaba que el 83 por ciento de lo que la gente entiende lo transmiten el lenguaje corporal, el tono de voz y el volumen. Las palabras en sí solo contienen el 17 por ciento de la información que se comunica entre personas.

Eso me recuerda que mi editor italiano, Eduardo, me llevó una vez a ver la pintura *La última cena* de Leonardo da Vinci en Milán. Para verla hay que concertar una cita especial. Entras en la sala de atmósfera controlada a través de una cámara estanca, y tienes quince minutos para mirar el cuadro antes de que te hagan salir. Y durante esa visita rápida pude ver que en realidad la pintura es un catálogo de gestos. El lenguaje corporal trasciende el italiano o el inglés. Sinceramente, en esa única pintura están incluidos todos los emoticonos.

En suma, el diálogo es tu herramienta más débil para contar historias.

Como siempre nos enseñaba Tom Spanbauer: «El lenguaje no es nuestra primera lengua» («Language is not our first language»).

Si fueras alumno mío, te mandaría hacer una lista de todos los gestos rápidos sin palabras que usas a diario. Levantar el pulgar. Ese gesto con el pulgar y el índice que significa «Ok». Darte golpecitos con los nudillos en la frente para «recordar» algo. Agarrarte el corazón. El pulgar del autoestopista, que significa «piérdete». Poner el dedo en forma de gancho para decir «Ven aquí». Te mandaría hacer una lista de por lo menos cincuenta signos que se hacen con las manos. De esa forma siempre, siempre serías consciente de la variedad de gestos que puedes insertar en los diálogos.

Tom Spanbauer

Lo has vivido. Estás cenando con amigos, todos hablando por los codos. Después de una risa o un suspiro, la conversación se convierte en silencio. Habéis agotado un tema. El silencio es incómodo, y nadie saca otro tema. ¿Cómo se soporta ese momento vacío?

En mi infancia, la gente llenaba esa pausa diciendo: «Deben de pasar siete minutos de la hora». La superstición decía que tanto Abraham Lincoln como Jesucristo habían muerto a la hora y siete minutos, de forma que la humanidad siempre debía guardar silencio también en ese momento. Me han contado que la gente judía llena ese silencio diciendo: «Ha nacido un bebé judío». Lo que intento decir es que la gente siempre ha reconocido esos incómodos momentos de vacío. Sus formas de tender un puente sobre ese silencio surgen de la historia que comparten.

Necesitamos... algo para esconder las costuras que quedan entre temas. Algo lo bastante insulso. Las películas pueden cortar o fundir entre escenas. Los cómics simplemente pasan de una viñeta a otra. Pero en la prosa, ¿cómo se resuelve un aspecto de la historia y se pasa al siguiente?

Por supuesto, puedes avanzar con una descripción ininterrumpida a tiempo real, pero eso es muy lento. Quizá demasiado lento para el público moderno. Y aunque se dice que al público de hoy en día lo han atontado los vídeos musicales o lo que sea, yo defiendo que el público actual es el más sofisticado que ha habido nunca. Nos han expuesto a más relatos y a más formas de narración que a ninguna gente que haya existido en la Historia.

De manera que esperamos que la prosa avance de forma tan rápida e intuitiva como el cine. Y para conseguir esto, planteémonos cómo lo hace la gente cuando conversa. Dicen: «Bueno, da igual». Dicen: «No nos pondremos de acuerdo». O bien: «Aparte de eso, señora Lincoln, ¿qué le ha parecido la obra?».

Mi amiga Ina cita la incongruencia que dicen en *Los Simpson*: «En mi jardín crecen narcisos».

Cualquier cosa que elijas decir marcará un impasse y creará permiso para introducir una idea nueva.

En mi novela *Monstruos invisibles*, son las dos frases: «Lo siento, mamá. Lo siento, Dios». En el relato original que se convirtió en *El club de la lucha*, es la repetición de las reglas.

La meta es crear un estribillo que sea apropiado al personaje. En un documental sobre Andy Warhol, este decía que la frase «¿Y qué?» se había convertido en el lema de su vida. Daba igual lo que pasara, bueno o malo; lo podía descartar a base de pensar: «¿Y qué?». Para Scarlett O'Hara era: «Ya pensaré en eso mañana». En ese sentido, esas muletillas también son mecanismos para sobrellevar las situaciones.

Esconden las costuras de la narración de la misma forma en que una tira de zócalo esconde la unión entre las paredes y el suelo. Y permite al lector pensar más allá de cada nueva situación dramática, haciendo avanzar la historia y facilitando que se acumulen los problemas sin resolver y que aumente la tensión.

Si se hace bien, esa inclusión de un estribillo también invoca un evento del pasado. Nuestra superstición de «la hora y siete minutos» sirve para reforzar nuestra identidad común como cristianos y americanos. Apuesto a que la mayoría de las culturas tienen un mecanismo parecido que deriva de su historia.

Un aparte: cuando yo era niño y acababan de nacer los anuncios televisivos de Tampax y de los esprays para la higiene femenina, me encantaba que aquellos anuncios siempre llevaran a mis padres, abuelos, tías, tíos y primos adultos a entablar animadas conversaciones. Nos tragábamos los episodios enteros de *Bonanza* como si fuéramos estatuas de piedra, pero en cuanto aparecía en pantalla un anuncio de duchas vaginales, todo el mundo se ponía a cotorrear para distraer la atención. Esto se aleja un poco de nuestro tema, pero es un fenómeno similar.

Entre mis amistades de la universidad, nunca parábamos de usar expresiones privadas, en clave. Durante las comidas, si alguien tenía un resto de comida en la barbilla, otro de nosotros se tocaba el mismo punto de la cara y decía: «Se te ha escapado una gacela del parque». En los viajes por carretera, si alguien necesitaba encontrar un lavabo decía: «Me asoma la cabeza de la tortuga».

Lo que trato de decir es que estas expresiones refuerzan nuestra identidad de grupo. Refuerzan el método que hemos elegido para sobrellevar los impasses. Y pueden llevar al lector de un momento de la prosa a otro con la misma facilidad con que los cortes entre escenas transportan al espectador a lo largo de la película.

Si fueras alumno mío, te diría que hicieras una lista de esos marcadores de posición. Que los encontraras en tu vida. Y que los encontraras en otros idiomas y entre personas de otras culturas.

Úsalos en tu narrativa. Monta la narrativa como si fuera una película.

TEXTURAS: CÓMO PASAR EL TIEMPO

La forma más básica de mostrar el paso del tiempo es anunciar la hora. A continuación describes una serie de actividades. Y después vuelves a dar la hora. Un aburrimiento. Otra forma es hacer una lista de las actividades, dando muchos detalles, tarea tras tarea, hasta llegar al momento en que se encienden las farolas, o en que el coro de madres llama a sus hijos a la cena. Y estos métodos están bien, si lo que quieres es arriesgarte a perder el interés del lector. Además, en la escritura minimalista está mal visto escribir medidas abstractas como, por ejemplo, las dos en punto o la medianoche, por razones que comentaremos en la sección sobre establecer tu autoridad.

Plantéate el montaje como una opción mejor. Piensa en un capítulo o en un pasaje que vaya tachando las ciudades de un viaje por carretera, dando algún detalle curioso de lo que pasó en cada una de ellas. Nada más que ciudad, ciudad, ciudad, como ese montaje comprimido de la gira por Europa que hay al final de *Las leyes de la atracción* de Bret Easton Ellis. O imagínate aquel avioncito de dibujos animados al que veíamos recorrer el globo de ciudad en ciudad en las películas antiguas y que nos llevaba en un momento a Estambul.

En *Esclavos de Nueva York* de Tama Janowitz, el montaje es una lista de los menús diarios de un sanatorio. El lunes se come esto. El martes, esto otro. El miércoles, aquello. En la película de Bob Fosse *Empieza el espectáculo*, es la secuencia rápida, que se repite todas las mañanas, del protagonista cepillándose los dientes, tomando bencedrina y diciéndole al espejo del baño: «¡Empieza el espectáculo!».

Da igual que describas ciudades, comidas o a novios; sé breve y comprímelo todo. Cuando termine el montaje, ya llegaremos a una escena propiamente dicha, pero con la sensación de que ha pasado un tiempo considerable.

Otro método para sugerir el paso del tiempo es la alternancia. Terminas una escena y saltas a un flashback, alternando entre pasado y presente. De esa forma, cuando vuelvas a saltar al presente no te hará falta volver al momento exacto en que lo dejaste. Cada salto te permite manipular la cronología y sugerir que ha pasado un tiempo.

O bien puedes alternar entre personajes. Piensa en los diversos hilos de la trama de *Medianoche en el jardín del bien y del mal* de John Berendt o en *Historias de San Francisco* de Armistead Maupin. Cada vez que un personaje se encuentra con un obstáculo, saltamos a otro personaje distinto. Puede resultar enervante si el lector solo se siente involucrado con un personaje, pero cada salto nos hace avanzar en el tiempo.

O bien alterna entre voz grande y voz pequeña. Por ejemplo, piensa en la variedad de capítulos que hay *Las uvas de la ira* de Steinbeck. A veces estamos con la familia Joad mientras la narración con voz pequeña nos describe su viaje. Otras veces leemos un pasaje en voz grande que comenta de forma general y omnisciente la sequía, el flujo de migrantes desplazados o el recelo de los terratenientes y los agentes de la ley de California. A continuación, regresamos con los Joad en un momento posterior de su ruta. Luego saltamos a un capítulo en voz grande sobre el clima y las inundaciones. Y por fin volvemos con la familia.

Si fueras alumno mío, dudaría, pero al final te hablaría del uso del espacio en blanco para sugerir el paso del tiempo. Terminas una escena o un pasaje y dejas un trozo amplio de página en blanco antes de empezar una escena nueva. Tengo entendido que las primeras novelas pulp no tenían división en capítulos. Simplemente usaban unas cuantas líneas en blanco como separación para que los editores no tuvieran que desperdiciar la página o página y media vacías que quedarían entre capítulos. Eso les ahorraba unas cuantas páginas en cada libro y contribuía al margen de beneficios.

En mi novela *Eres hermosa* usé líneas en blanco en vez de división en capítulos porque quería imitar la apariencia de los bolsilibros pornográficos. En *1984*, Orwell menciona novelas pornográficas escritas por máquinas para el proletariado; eso y el absurdo y escabroso género de la narrativa slash me inspiraron a imitar su uso de las líneas en blanco para las transiciones.

La escritora Monica Drake cuenta que estudió con Joy Williams en el máster de escritura de la Universidad de Arizona. Williams ojeó un relato que alguien había presentado al taller y dijo con un suspiro: «Ah, el espacio en blanco... el falso amigo del escritor».

Quizá sea porque unas líneas en blanco –que no supongan un corte a algo distinto, a un periodo de tiempo distinto u otro personaje o voz– permiten al escritor revisitar los mismos elementos sin crear tensión. Por ejemplo, si usamos las líneas en blanco para hacer una transición entre dos acontecimientos en la jornada de Robert, el relato se puede volver monótono. En cambio, si vamos saltando entre Robert y Cynthia y algún antepasado suyo en la Venecia del Renacimiento, el lector disfruta de un descanso de cada elemento y puede apreciarlos mejor y preocuparse por los desenlaces.

De forma que, si fueras alumno mío, te permitiría que usaras líneas en blanco para sugerir el paso del tiempo. Pero no te acomodes. Tarde o temprano vas a tener que abandonar esas rueditas auxiliares.

TEXTURAS: LISTAS

Nunca dudes en insertar una lista para añadir una textura nueva a una historia. Mira la lista de invitados que el autor introduce maravillosamente al principio del capítulo 4 de *El gran Gatsby*. Bret Easton Ellis me dijo una vez que la de Fitzgerald fue la inspiración de la lista de invitados de *Glamourama*. Fíjate también en las listas que incluye Tim O'Brien en *Las cosas que llevaban los hombres que lucharon*. Una de mis favoritas es la del capítulo 18 de *El día de la langosta* de Nathanael West, donde el protagonista persigue a una chica por los decorados de un estudio cinematográfico del Hollywood de la década de 1920. Así se engarzan diversos monumentos y antigüedades falsos y se agolpan codo con codo todas las culturas y periodos históricos, yuxtaponiendo el mundo moderno con los dinosaurios. Quizá sea el pasaje más perfectamente surrealista de toda la literatura.

Si fueras alumno mío, te diría que leyeras ese capítulo 18 y después la secuencia de *El último magnate* de Fitzgerald en que un terremoto provoca una inundación en un estudio parecido de Hollywood y el protagonista contempla cómo se aleja flotando un largo desfile de monumentos y antigüedades falsos. Fíjate en cómo West se dedica a desplazarnos por su letanía de objetos, mientras que Fitzgerald nos sitúa en un punto fijo mientras los objetos se mueven.

Las listas interrumpen visualmente la página. Obligan al lector a leer realmente palabra por palabra. Me encantó hacer la lista de colores de los muebles de Ikea en *El club de la lucha*, y mi sueño en *El día del ajuste* era escribir un libro entero de listas que entre todas compusieran un inventario mítico y privado de gente a la que asesinar.

Así pues, usa las listas.

TEXTURAS: DESCRIBIR UN MODELO SOCIAL POR MEDIO DE LA REPETICIÓN

¿Recuerdas que, en tu infancia, podías poner unas tablas en el suelo y dictar una realidad nueva? «El suelo es lava. Los tablones son la única manera segura de cruzarla». Los niños son capaces de imaginarse un escenario nuevo al instante. Se inventan las reglas. El mundo pasa a ser lo que han acordado que sea. El árbol te pone a salvo. La acera es territorio enemigo.

Si fueras alumno mío, te contaría un secreto que me dijo Barry Hannah: «A los lectores les encantan esos rollos» («Readers love that shit»).

Mira todas esas novelas de éxito que dictan cómo se ha de comportar la gente en grupo. Novelas como *Donde reside el amor*, *Clan ya-yá* o *El club de la buena estrella*. Se trata de grupos unidos por las reglas y rituales que han acordado. *Verano en vaqueros* es otro de esos muchos libros que proponen un modelo para que las mujeres se junten y compartan sus historias. Para los hombres hay menos ejemplos. Los únicos que se me ocurren son *El club de los poetas muertos* y, por supuesto, *El club de la lucha*.

Lo que sospecho es que la gente no tiene ni idea de cómo llevarse bien. Necesitan una estructura, reglas y roles que jugar. En cuanto se establecen esas cosas, la gente ya se puede reunir y comparar sus vidas. Pueden aprender los unos de los otros.

Tom Spanbauer siempre decía: «Los escritores escriben porque no los invitan a las fiestas». Así pues, ten en cuenta que el lector también está solo. Es más probable que un lector se

Barry Hannah

sienta incómodo en sociedad y que ansíe historias que le ofrezcan formas de estar en compañía de otros. Al lector, que está a solas en la cama o en un aeropuerto abarrotado de desconocidos, le llegarán al alma las escenas de las fiestas en la mansión de Jay Gatsby.

Esa es la razón de que tantos libros describan un modelo social, ya sea el juego de Colarse en Fiestas de *Rant* o el protocolo rígidamente estructurado de los platós de cine de *Snuff*. En cuanto estableces esas reglas y te pones a repetirlas, te suministran el marco en que los personajes se pueden sentir seguros. Los personajes saben comportarse. Y entonces se empiezan a relajar y a mostrarse.

Tardé años en entender por qué escribía esos libros sobre modelos sociales. No lo entendí hasta que me introdujeron en la obra del antropólogo cultural Victor Turner. Turner sugiere que la gente crea eventos «liminoides» a modo de experimentos sociales. Cada uno de ellos es una sociedad efímera donde las personas acuerdan ser iguales. Él lo llama «communitas». Si el experimento triunfa, si sirve a la gente proporcionándole comunidad, diversión, alivio del estrés, formas de expresarse o lo que sea... entonces se institucionaliza gradualmente. El mejor ejemplo reciente es el Burning Man, el festival que se celebra en el desierto de Black Rock, en Nevada. Otro ejemplo es el Santa Rampage, esas reuniones de juerguistas que todos se disfrazan de Papá Noel y todos se hacen llamar Papá Noel. Las dos cosas han pasado de ser eventos espontáneos y marginales a convertirse en apreciadas tradiciones.

Es posible que no haya nadie tan solitario como los escritores. Los expertos han señalado que Ken Kesey encontró la inspiración para los lunáticos de *Alguien voló sobre el nido del cuco* en un taller literario al que asistió en Stanford. Asimismo, Toni Morrison probablemente basó la plantación de *Beloved* en su propio taller de escritura, y Robert Olen Butler basó a los pasajeros del autobús de su novela *Mr. Spaceman* en su curso de escritura.

La antropóloga del lenguaje Shirley Brice Heath ha dicho que un libro solo se convierte en clásico si une a una comunidad de lectores. Así pues, date cuenta de que la lectura es un pasatiempo solitario. No te inhibas de inventar rituales en tu historia. Inventa reglas y plegarias. Dale a la gente roles y frases que recitar. Incluye alguna forma de comunión y de confesión, alguna forma para que la gente cuente sus historias y encuentre conexiones con los demás.

A fin de incrementar este efecto ritual, plantéate crear un capítulo que sirva de «plantilla». A partir de ese capítulo ya existente, cambia los detalles y llévalo a una nueva epifanía. Es probable que el lector no se dé cuenta de lo que has hecho, pero sí reconocerá de forma inconsciente la estructura repetida. Usa esa plantilla para crear tres capítulos equidistantes dentro del libro.

En el mundo de hoy, donde tantas organizaciones fraternales y religiones están desapareciendo, si fueras alumno mío te diría que uses el ritual y la repetición para inventar otros nuevos para tus lectores. Dale a la gente un modelo que pueda replicar y unos personajes a los que pueda emular.

TEXTURAS: PARAFRASEAR O CITAR

Plantéate que cuando citas textualmente el diálogo de un personaje le estás confiriendo una mayor realidad a dicho personaje. Y a la inversa: cuando parafraseas a alguien lo estás distanciando y reduciéndolo.

Un ejemplo de diálogo parafraseado: Les dije que dejaran la caja en el rincón.

Frente a: «Poned la caja en el rincón», les dije.

En *El club de la lucha*, decidí citar todos los diálogos textualmente, salvo los del narrador. Hasta Tyler resulta más real, porque se citan sus palabras. Así pues, siempre que quieras restar autoridad a lo que se dice, parafraséalo. Si quieres negar o socavar a un personaje, parafrasea lo que dice.

Cuando quieras poner a un personaje en primer plano, cita textualmente su diálogo. Incluye atribuciones. Subraya ese diálogo con un gesto.

Es un efecto sutil, pero si fueras alumno mío te diría que funciona.

POSTAL DE LA GIRA

Kim Ricketts me contó una historia de Stephen King. Habíamos ido a Belltown después de un evento en la librería de la Universidad de Washington. Nos pedimos unas cervezas y me contó que estaba diversificándose, empezando a planear eventos como oradora para corporaciones como Microsoft y Starbucks. Yo necesitaba que me llevaran de vuelta a mi hotel, pero Kim era lista y graciosa, y antes de la de Stephen King me contó una historia de Al Franken que explicaba por qué ahora la Universidad de Washington exigía a toda la gente que asistía a una aparición pública del autor que comprara el libro. Y era porque Al Franken había llenado los más de ochocientos asientos del Kane Hall, y todos los estudiantes se habían reído de todo lo que decía Franken. La asistencia era gratis para el público, pero aun así al final de la velada Franken había vendido la astronómica cifra de ocho libros.

La nueva política decía que la adquisición del libro era obligatoria.

Para poder programar un evento de Stephen King, Kim me contó que había tenido que aceptar sus condiciones habituales. Había tenido que contratar guardaespaldas y alquilar un local con capacidad para cinco mil personas. Cada persona podía llevar un máximo de tres ejemplares para que el señor King se los autografiara. El evento duraba unas ocho horas, y durante todo ese tiempo tenía que haber alguien de pie detrás de la mesa de las firmas sosteniendo una bolsa de hielo sobre el hombro del autor.

Llegó el día, y Kim sostuvo la bolsa de hielo sobre el hombro en cuestión. El lugar, Town Hall, una iglesia desconsagrada en Capitol Hill, tiene unas vistas espectaculares del centro de Seattle. Estaba lleno hasta la bandera de aquellas cinco mil personas, la mayor parte jóvenes y todos listos para esperar horas a que les firmasen sus tres ejemplares. King se sentó y empezó a firmar autógrafos. Kim estaba aguantándole la bolsa de hielo sobre el hombro rebelde. Cuando no llevaba ni cien libros de los supuestos cinco mil, Kim me contó que King se giró hacia ella y le preguntó: «¿Me puedes traer vendas?».

Le enseñó la mano con que firmaba, y Kim pudo ver que tenía la piel de los dedos índice y pulgar fosilizada en forma de un grueso callo como resultado de una vida entera de firmas maratonianas de libros. Esos callos son el equivalente del escritor de la oreja de coliflor de quienes practican la lucha libre. Aunque eran tan gruesos como las placas del lomo de un estegosaurio, los callos se le habían empezado a abrir.

–Estoy sangrando sobre los libros –dijo King.

Y le enseñó que la sangre recién brotada le había manchado la pluma y había dejado una huella dactilar parcial de sangre sobre la portadilla de un libro propiedad de un joven que estaba esperando y a quien no parecía afligirle para nada ver su propiedad manchada de los fluidos vitales de aquel gran artesano de la palabra y narrador de historias.

Kim empezó a alejarse, pero ya era demasiado tarde. La siguiente persona de la cola había oído la conversación y gritó:

–¡No es justo! ¡Si el señor King puede sangrar en los libros de este, también tiene que sangrar en los míos!

Y esto lo oyó el edificio entero. El cavernoso recinto se llenó de chillidos de indignación mientras cinco mil fans del terror exigían su ración de sangre de persona famosa. Los gritos de rabia arrancaban ecos del techo abovedado. Kim apenas pudo oír a King cuando este le preguntó: «¿Me puedes echar una mano?».

Sin dejar de presionar con la bolsa de hielo, Kim le dijo:

–Son sus lectores... Haré lo que usted decida.

King volvió a firmar. A firmar y a sangrar. Kim se quedó a su lado, y cuando el público vio que nadie traía vendas, la protesta acabó remitiendo. Cinco mil personas. Cada una con tres ejemplares. Kim me contó que la sesión se alargó ocho horas, pero que King consiguió firmar con su nombre y dejar una huella de su sangre en cada libro. Al final del evento estaba tan débil que los guardaespaldas se lo tuvieron que llevar a su Lincoln Town Car en volandas.

Pero ni siquiera entonces, mientras el coche arrancaba para llevarlo a su hotel, se había terminado el desastre.

Un grupo de gente que se había quedado fuera del evento por falta de aforo se metió también en sus coches para perseguir al de King. Aquellos amantes de los libros embistieron el Lincoln hasta destrozarlo; y todo por la oportunidad de conocer a su autor favorito.

En aquella taberna, Kim y yo nos quedamos mirando la calle vacía a través del ventanal. Contemplando la noche.

El sueño de Kim Rickett era abrir, en el barrio de Ballard, en Seattle, una librería que vendiera solo libros de cocina. Moriría de amiloidosis en 2011. La librería de sus sueños, Book Larder, sigue abierta.

Pero aquella noche estábamos solo Kim y yo en un bar por lo demás desierto. Un poco borrachos, pero no mucho. A modo de réplica a su historia de Stephen King, negué con la cabeza y le pregunté:

–¿Y esa es la gran fama que todos ansiamos?

Kim suspiró.

–Así son las grandes ligas.

Bendita seas, Kim Ricketts. Que una de tus muchísimas tumbas esté siempre en mi cabeza.

ESTABLECER TU AUTORIDAD

«Establece tu autoridad –solía decirnos Tom Spanbauer–, y podrás hacer lo que quieras». Y sus alumnos nos hacíamos chapas con aquel aforismo, y las llevábamos en la solapa igual que los miembros de una religión llevan crucifijos y cosas similares. Era nuestro credo. Uno de los Diez Mandamientos del Minimalismo: no uses palabras que vengan del latín. No uses conceptos abstractos. No uses texto recibido... Y en cuanto establezcas tu autoridad, ya podrás hacer lo que quieras.

Yo le añadiría el consejo de Thom Jones: la acción posee autoridad en sí misma. Si vas avanzando por las distintas escenas por medio de verbos claros y físicos –dar pasos, tocar objetos–, la mente de tu lector te seguirá con la misma atención con que la mirada de un perro sigue a una ardilla.

Si fueras alumno mío, te diría que te plantearas los siguientes métodos para construir autoridad dentro de una historia. Para que el lector te crea. Para que lo increíble parezca inevitable.

AUTORIDAD: EL DISCURSO DE AUTORIDAD

Has visto el típico discurso de autoridad que se pronuncia en muchas películas. En *Mi primo Vinny* llega cerca del final del juicio, cuando Marisa Tomei aprovecha su momento para hacer su apasionada disertación sobre el Chevrolet Bel Air de 1995 con motor de cinco litros y carburador de cuatro bocas.

En *El diablo viste de Prada*, es la historia reciente del color azul cerúleo usado en la moda, un discurso plagado de detalles que pronuncia Meryl Street mientras está eligiendo ropa para una modelo.

La película *Una rubia muy legal* contiene dos de esos discursos. El primero tiene lugar en una tienda de ropa de Rodeo Drive, donde Reese Witherspoon reprende a una empleada soltándole un montón de evidencias que la revelan como una mentirosa. El segundo discurso tiene lugar ya avanzada la secuencia del juicio, cuando Witherspoon da toda una lección sobre los aspectos químicos de la permanente de peluquería, poniendo en juego toda una serie de datos que diezman el testimonio de uno de los testigos de la acusación.

Para demostrar de forma rápida y poderosa la autoridad de un personaje, hay pocas estrategias que funcionen tan bien como permitirle que exhiba un profundo conocimiento técnico que nadie se esperaría. El ambiente político reciente hace que este sea un recurso útil para los personajes femeninos, pero no tanto para los hombres. En primer lugar, porque ha de darse la expectativa previa de que el personaje sea poco interesante. La sorpresa viene cuando un personaje en apariencia corto de luces demuestra una comprensión profunda de algo crucial. Piensa en la secuencia onírica de *Romy y Michelle* en que Lisa Kudrow recita el proceso necesario para fabricar pegamento. Por desgracia, es más probable que ese personaje cabeza hueca sea una mujer.

Hoy en día un discurso así, pronunciado por un personaje masculino, se verá en el mejor de los casos como una macho-explicación tediosa. En el peor de los casos, como síndrome de Asperger. Aun así, hay ejemplos masculinos. Véanse las escenas de *El indomable Will Hunting* en que Matt Damon suelta parrafadas eruditas que se imponen sobre los aspirantes a genios de las tabernas universitarias.

Otro aparte: Wes, el editor de este libro –en segundo plano pero siempre ahí, siempre invisible– me sugiere que todo discurso de autoridad hace que el personaje caiga mejor.

A mí ese concepto de «caer bien» me resulta problemático. Ya volveremos sobre esto, pero prefiero respetar al personaje. Con franqueza, ni siquiera me cae bien la gente que cae bien.

Así pues, si fueras alumno mío y necesitaras otorgar autoridad a un personaje –y cimentar la tuya propia como autor–, te diría que lo presentaras como un simplón o una simplona y después le hicieras soltar una parrafada de información compleja y esotérica que dejara pasmado al público.

AUTORIDAD: EL PADRE O LA MADRE MUERTOS

Si rascas la superficie de cualquier comedia, te encontrarás a un padre o una madre muertos. Es ese dolor sin resolver e irresoluble lo que genera todos los chistes y payasadas.

Incluso en los dramas, es la tragedia de fondo lo que hace soportable el drama que hay en primer plano.

El pariente muerto es omnipresente.

En la serie de televisión de Earl Hamner *Los Walton*, el fantasma que nunca se menciona y que da nombre al joven Ben es el hermano muerto de John Walton, que perdió la vida en la Primera Guerra Mundial. En *Valle de pasiones*, el patriarca, Tom Barkley, ha muerto, dejando a Barbara Stanwyck al mando del rancho. En *Bonanza*, la matriarca ha muerto. En *Julia*, protagonizada por Diahann Carroll, el patriarca ha muerto pilotando un helicóptero en Vietnam. En *Buscando novia a papá*, la madre ha muerto. En *El fantasma y la señora Muir*, el padre está muerto. En *Nanny y el profesor*, la madre ha muerto. *Ellery Queen*, madre muerta.

Entre las comedias de éxito, la lista de cadáveres es interminable. *El show de Andy Griffith*, madre muerta. *Los nuevos ricos*, madre muerta. *Mis tres hijos*, madre muerta. *Día a día*, padre muerto. *Alicia*, padre muerto. *Phyllis*, padre muerto. *Mamá y sus increíbles hijos*, padre muerto. *Mis adorables sobrinos*, padre y madre muertos. *La tribu de los Brady*, padre y madre muertos. *Cinco en familia*, los dos muertos.

Si fueras alumno mío, te preguntaría: «¿Por qué hay tantos argumentos de éxito que empiezan en el mausoleo familiar?».

Porque para la mayoría de la gente –y sobre todo entre los jóvenes– no hay nada que inspire más miedo que perder a los padres. Si creas un mundo donde uno de ellos o los dos han muerto, estarás creando personajes que han sobrevivido a los peores miedos del lector. Y el lector los respetará ya de entrada. Por mucho que los hijos supervivientes sean niños o adolescentes, su dolor y su pérdida implícitos los representarán como adultos en la mente del lector.

Además, ya desde la primera página los personajes podrán sobrevivir a lo que sea, porque ya han sobrevivido a lo peor. Un padre o una madre muertos unen a la familia que los sobrevive de formas en que a tu lector le gustaría estar unido a su familia.

Si quieres crear una historia donde al lector nunca se le ocurra criticar a los personajes, mata a su padre o a su madre antes de la primera página.

AUTORIDAD: ACIERTA CON LAS PEQUEÑAS COSAS

Alguien me contó una vez un secreto sobre los vitrales policromados de las catedrales. Empezó contándome que esos vitrales servían para enseñar las Escrituras a la gente analfabeta. Eran las deslumbrantes epopeyas en Cinemascope de Cecil B. DeMille de su tiempo, los taquillazos del verano, aquellas altísimas representaciones de Jonás dentro de la ballena, de las aguas del mar Rojo abriéndose, de la Ascensión de Cristo.

El truco para hacer creíble un milagro era colocarlo en las ventanas más altas, lejos del humilde espectador. El trabajo más meticuloso se dedicaba a crear los detalles que la gente vería primero, los de la parte más baja.

Si los espectadores se podían creer los detalles que tenían a su nivel –las plantas en el suelo, las sandalias, los pliegues de los bajos de una prenda–, también se creerían el milagro descrito en la parte alta del vitral. Podía caer maná del cielo. Podían flotar halos sobre las cabezas y los ángeles podían volar entre las nubes.

Durante el rodaje de *El club de la lucha*, le pregunté al director, David Fincher, si el público aceptaría la revelación final de que el personaje de Brad Pitt era imaginario. La respuesta de Fincher fue: «Si se han creído todo lo que viene antes, también se creerán el giro final de la trama».

Por tanto, si fueras alumno mío te diría que te centraras en descomponer un gesto y describirlo de forma tan eficaz que el lector lo imite de forma inconsciente. No todo tiene que estar desglosado, pero los objetos y acciones más cruciales sí. En el relato de Shirley Jackson «La lotería», fíjate en cómo la autora se detiene en la caja de la que salen las papeletas. Nos describe dónde se guarda, cómo está hecha y lo que reemplazó. Toda esta atención prodigada a una sencilla caja de madera nos ayuda a aceptar su horrible finalidad. Si creemos en la caja, también creeremos en los asesinatos rituales a los que contribuye.

Como te equivoques en el más pequeño detalle, ya estás apañado. Cuando estaba de gira con mi libro *Eres hermosa*, conocí a una joven que me dijo que la había cagado de principio a fin con los detalles de mi joven protagonista femenina. Le pedí que me pusiera un ejemplo, que me dijera el rasgo menos creíble que yo le había otorgado a Penny Harrigan, una chica de Nebraska que se masturba con el dedo momificado de su instructor sexual y que es atormentada eróticamente por diminutos robots controlados a distancia que le ha implantado el hombre más rico del mundo, que quiere reconstruir genéticamente a su mujer muerta tiempo atrás...

–¿El detalle menos creíble sobre Penny? –me preguntó la lectora.

Sí, quería saber con qué detalle la había cagado más.

Lo pensó un momento.

–Fácil. Dices que su helado favorito es el de tofe. –Negó con la cabeza ante mi estupidez–. Ese es un sabor de viejos.

Le pregunté cuál debería haber sido el sabor favorito de Penny.

–Pues chocolate –me dijo–. Cualquier tipo de chocolate.

Caso cerrado. El más pequeño error puede destruir toda tu credibilidad.

AUTORIDAD: LA AUTORIDAD DE LAS PEROGRULLADAS

El trabajo de una persona creativa es reconocer cosas y expresarlas para los demás. Hay quienes no han cobrado conciencia plena de sus propios sentimientos. Otros carecen de la habilidad para comunicar esos sentimientos o ideas. Y otros carecen de valor para expresarlos.

En cualquier caso, reconocemos la verdad cuando la leemos. Los mejores escritores parecen leernos la mente, y aciertan exactamente con eso que nunca hemos sido capaces de poner en palabras.

En su novela *Se acabó el pastel*, Nora Ephron escribió: «Cuando eres una persona soltera, tienes citas con otras personas solteras. Y cuando eres una pareja, tienes citas con otras parejas». Después de leer esas palabras ya estuve dispuesto a creerme cualquier otra cosa que la autora pusiera en la página.

Lo mismo me pasó con Amy Hempel cuando escribió: «Lo que quieren los perros es que nadie se marche nunca» [«What dogs want is for no one to ever leave»].

Fran Lebowitz escribió una vez: «Lo contrario de hablar no es escuchar. Lo contrario de hablar es esperar».

Armistead Maupin inventó la Ley de Mona. Que afirma que en cualquier momento de la vida solo se puede tener una de las siguientes tres cosas: un gran amante, un gran trabajo o un gran apartamento. Como mucho se pueden tener dos de las tres. Pero nunca tendrás las tres a la vez.

Truman Capote escribió: «Puedes saber lo que piensa un hombre de ti por los pendientes que te regala».

Amy Hempel

Un aforismo tan bien expresado posee toda la autoridad de un Confucio o de un Oscar Wilde. Una observación sabia e intuitiva puede transmitir más autoridad que todos los datos de la Wikipedia.

AUTORIDAD: EL CONTEXTO DE TU NARRACIÓN

En nuestro mundo de informaciones falsas, este mundo en el que internet ha erosionado la credibilidad de toda información, la gente quiere conocer el contexto de un relato en la misma medida en que quiere oír el relato en sí. El contexto y las fuentes son más importantes hoy de lo que han sido nunca.

Así pues, si fueras alumno mío, te preguntaría: «¿Quién está contando esto? ¿Dónde lo está contando? ¿Y por qué lo está contando?».

Mira a tu alrededor. El mundo está lleno de foros en los que la gente cuenta sus historias. Esos foros son minas de oro donde los escritores pueden encontrar material. También son grandes escenarios en los que enmarcar historias. Mientras investigaba para mis libros *Asfixia* y *Monstruos invisibles*, me encantaba llamar a los chats eróticos telefónicos. Canal tras canal de gente contando sus historias. Si uno se ponía aburrida, me limitaba a trasladarme a otro. Y si una historia quizá no tenía muy buen argumento, me fijaba en los trucos verbales y tics que reforzaban su autenticidad. Me pasaba las tardes de lluvia sentado y tomando notas con el teléfono pegado a la oreja. Aquellas anécdotas orales eran tan maravillosas como crudas, y buscaba en ellas patrones o temas recurrentes que me permitieran engarzar varias de ellas en forma de relato o serie de escenas. ¿Quién sabía? Quizás algún día pudiera ambientar un relato en el contexto de una línea erótica. Sería especialmente conmovedor oír una historia trágica contada por una línea telefónica de sexo. O, mejor todavía, oír una historia de redención en un contexto tan tosco como el de todas esas personas contando guarradas.

Otro contexto narrativo son los grupos de rehabilitación para gente con adicciones. Realmente ejercen la función de nuevas iglesias donde las personas pueden revelar las peores versiones de sí mismas y ser aceptadas otra vez por sus comunidades. Da igual que las historias carezcan de brillo; quienes las cuentan tienen años de práctica. A excepción del monólogo cómico, en América no queda mucha narrativa oral. En cambio, en los grupos de apoyo de doce pasos todavía goza de buena salud. El monólogo cómico frente a la tragedia de butaca. No hace falta decir que no hay que traicionar la confidencialidad; pero sí se puede aprender tácticas narrativas eficaces. Tácticas mejores –sin pagar y con café gratis– que las que se puede aprender en muchos másteres de escritura. ¿Y por qué no una historia en la que alguien *roba* una historia de Alcohólicos Anónimos y la convierte en una película supertaquillera? Imagínate la rabia, la envidia y el deseo de venganza que ese acto generaría, todo ello sin perder la simpatía del lector.

Otro contexto narrativo excelente son los programas de radio de madrugada. Todas esas conversaciones sobre el Yeti, los helicópteros negros, las almas en pena, los marcianos... son como cuentos para irse a dormir para adultos. Lo extraño y lo fantástico conectan con el inconsciente igual que los cuentos de hadas. La voz de la radio evoca unas imágenes oníricas que nos guían al interior de nuestras pesadillas. Los oyentes llaman y aportan anécdotas personales que apoyan el tema general de la emisión. Son como Scheherezade contando sus interminables relatos de *Las mil y una noches.*

Otro contexto narrativo, aunque más improbable, son los canales de teletienda de la televisión por cable. Cualquier producto sirve, pero yo prefiero esos canales de joyería donde una gente de aspecto bobalicón que habla en un tono humilde y cercano te suelta el rollo de que tus amistades y familia te admirarán y te envidiarán por poseer tal o cual collar. Es como una meditación guiada. «¡Imagínate cómo las mujeres de tu iglesia vendrán todas y se quedarán boquiabiertas cuando vean tu anillo con una esmeralda! Caray, serás el centro de atención. ¡Todo el mundo se pondrá verde de envidia!». Y por si acaso el estatus no te engancha, también te venden amor. «Tu nietecita atesorará este anillo de meñique durante el resto de su vida, y cada vez que lo lleve se acordará de ti…».

Así pues, si fueras alumno mío, te encargaría que escribieras un relato narrado por un cliente que llama por teléfono al canal y cuenta una historia relacionada con una compra reciente.

Uno de los aspectos geniales que tiene elegir un contexto de narración ya existente es que ese contexto te dicta la estructura y las transiciones. Las líneas eróticas implican ese reloj imparable de los cobros a tu tarjeta de crédito. Los programas de radio incluyen pausas comerciales. Ya tienes ahí todos los recursos para enmarcar los relatos: no te hace falta inventártelos.

A modo de último ejemplo de contexto, te menciono uno de mis favoritos. A algunos de los hombres más duros que conozco –paracaidistas del servicio de bomberos, soldados en activo– les encantan esos programas en que se valoran antigüedades. Y en particular el programa *Antiques Roadshow* de la televisión pública. La gente trae sus herencias familiares y un experto examina cada pieza. El propietario cuenta la historia de la pieza, normalmente relacionada con los antepasados familiares. Y el experto confirma o bien refuta esa historia. A menudo el dueño se queda públicamente devastado al descubrir que sus parientes muertos eran unos tontos o unos mentirosos. La pieza resulta no ser lo que siempre se creyó que era. A veces se tasa en una pequeña fortuna, pero a menudo queda descartada como simple chatarra.

En un breve ritual público, se nos presentan una saga cargada de emociones y el objeto que la sustenta. Al momento siguiente se rebate la autenticidad de la saga. La idea que tiene la familia de sí misma recibe un duro golpe, y todo sucede ante las cámaras. La amenaza constante de humillación pública es la razón de que a esos hombres duros les encante ese programa. Los poderosos son degradados. Los orgullosos, avergonzados.

Por mucho que la antigüedad en cuestión resulte ser auténtica y costar un montón de dinero, sigue produciéndose una pérdida. Todo su poder épico y mágico, la historia del tío abuelo de turno que en la batalla atacó con su espada o lo que fuera... queda igualmente reducida a una mera cantidad de dólares y céntimos. Su poder ha quedado limitado a lo que el mercado quiera pagar por ella.

Es una actualización de la antología *La tienda de antigüedades* de Dickens.

Si yo fuera tu profesor, te diría que escribieras una historia en la que a un tasador televisivo que lo ha visto todo en la vida le piden que confirme el valor de una pata de mono maldita... de una cabeza reducida... del Santo Grial.

AUTORIDAD: CRIBAR LA AUTENTICIDAD DE UNA FORMA DE NO FICCIÓN

Una de las formas más fáciles que hay de establecer tu autoridad es robarla. Piensa en la emisión radiofónica que hizo Orson Welles de *La guerra de los mundos* de H.G. Wells. A base de adoptar todas las convenciones de los noticiarios reales, Welles hizo que una historia ridícula resultara tan creíble que millones de personas sucumbieron al pánico. Huyeron de sus casas. Llamaron a sus seres queridos para despedirse.

Piensa en la película *El proyecto de la bruja de Blair.* Simplemente a base de decir que la historia consiste en unas grabaciones documentales recuperadas después de que desapareciera un equipo de investigadores, la película fue capaz de elevarse por encima de su tosquedad técnica para aterrar a la gente. Asimismo, la película *Fargo* se arriesgaba a ser otra comedia policial bufonesca como *Arizona Baby* hasta que a los hermanos Coen se les ocurrió añadir una escueta declaración al comienzo. Se trata de una sombría pantalla negra con letras blancas que afirma que la historia está basada en hechos reales (no lo está).

Piensa en *Ciudadano Kane*, que usaba el recurso del noticiario para resumir la trama al principio de la película y después a una serie de periodistas sin rostro para ligar las escenas posteriores. Las entrevistas se convierten en el recurso para hacer la transición entre los distintos puntos de vista y épocas. Y durante todo ese tiempo, el hecho de que sean «reporteros» le inyecta a la melodramática historia una gravedad y un realismo que ayudan a venderla al público.

Las formas de la no ficción han educado a nuestros autores más famosos. El primer trabajo como escritor de Hemingway fue de reportero en la sección de crímenes del *Kansas City Star.* Allí se tomó a pecho la guía de estilo del periódico, que exigía frases cortas y escuetas con verbos activos. Y durante el resto de su carrera escribió una prosa sucinta basada en ese mismo estilo, fácil de leer, del periódico. Asimismo, el primer trabajo de escritura de Fitzgerald fue producir textos publicitarios. A partir de entonces su narrativa ya quedó llena de imágenes de anuncios, de marcas comerciales y de todas esas líricas y seductoras frases que todavía nos hechizan.

Así pues, si fueras alumno mío, te diría que una forma de no ficción te ayudará a conseguir que incluso el relato más fantástico, el más sensiblero y el más bobalicón resulten completamente plausibles.

En muchas de mis novelas he usado formas de no ficción. En *Asfixia* la forma elegida es el cuarto paso de los programas de rehabilitación en doce pasos, que consiste en que el adicto haga balance por escrito de su vida. En *Rant* uso la forma de la biografía oral, un agregado de entrevistas que se alternan con la trama para contar la historia de alguien que ya no está entre nosotros. Uno de mis modelos para ese libro fue *Edie: An American Biography* de Jean Stein, que cuenta la historia de Edith Sedgwick. Y gran parte de la estructura de *Monstruos invisibles* la basé en el diseño caótico de las revistas de moda que veía en la lavandería automática donde me lavaba la ropa todas las semanas.

Además de prestarle a tu narrativa una mayor apariencia de realidad, las formas de la no ficción te dictan la estructura de la obra y las transiciones entre escenas. En las revistas de moda, por ejemplo, los artículos simplemente «saltan» a una página determinada situada en otra parte del número. En los relatos orales, cada nuevo hablante es designado por su nombre y los dos puntos que preceden a su declaración.

Mi novela *Pigmeo* consta en apariencia de una serie de «comunicados» enviados por un espía que va informando del progreso de su misión secreta. Fue Chelsea Cain, durante un taller, quien me sugirió que usara bloques negros para tachar ciertos detalles y dar la impresión de que el «documento» había sido parcialmente censurado. El efecto funcionó tan bien que deseé haberlo usado más. Y posteriormente lo hice, en *El club de la lucha 2*, empleando pétalos de rosa y pastillas «reales» para ocultar las caras de los personajes y por tanto hacer dudar de la sinceridad de lo que pudieran decir. O bien para esconder sus diálogos y negar el ingenio de estos. Gracias, Chelsea.

Cualquier aspecto de una forma de no ficción que parezca un defecto intrínseco –los movimientos entrecortados de la cámara y las interpretaciones exageradas de la película *Monstruoso*– se puede convertir en un recurso útil cuando lo imitas al hacer narrativa. El grano de las imágenes en blanco y negro de las cámaras de seguridad, por ejemplo, le añade otra textura y un punto de visto nuevo al cine convencional. En la película *El club de la lucha*, el director David Fincher pasa a esa clase de imágenes para dar una perspectiva «objetiva» que muestre al narrador luchando consigo mismo.

Así pues, si yo fuera tu profesor, te diría que estudiaras las imperfecciones de cada forma de no ficción. Que encontraras sus defectos y los usaras para hacer que tu ficción parezca más real y menos pulida y literaria.

AUTORIDAD: OLVÍDATE DE GUSTAR

Bienvenidos a América, nuestro enorme e interminable concurso de popularidad. Y al capitalismo, donde el gustar se impone a todo lo demás.

Si fueras alumno mío, te diría que te olvidaras de gustar. Los gustos cambian con el tiempo; los personales ciertamente, pero también los del público. Puede que tu obra no sea celebrada de inmediato, pero si se queda alojada en los recuerdos de alguien tienes muchos números para que encuentre su público con el tiempo. La primera vez que leí los libros que me hacían leer en la universidad –*Jane Eyre, Alguien voló sobre el nido del cuco, El círculo de tiza caucasiano*–, los odié. Pero con el tiempo los he vuelto a releer y ahora se cuentan entre mis favoritos.

Mira las películas que tuvieron reseñas terribles en su estreno. *La noche de los muertos vivientes. Harold y Maude. Blade Runner.* Encontraron su lugar en la memoria del público y el tiempo las ha convertido en clásicos. Así pues, no escribas para gustar. Escribe para que te recuerden.

AUTORIDAD: ESCRIBE DESDE EL PUNTO DE VISTA INTERNO

La siguiente habilidad quizá sea la dificultad más grande que te vas a encontrar cuando escribes. Pero cuando le pilles el truco, hará que escribir sea más fácil y divertido de lo que te has imaginado nunca.

En vez de escribir sobre un personaje, escribe desde el interior del personaje.

Esto significa que todas las formas en que el personaje describa el mundo deben describir la experiencia del personaje. Tú y yo nunca entraremos en la misma habitación en la que entra el otro. Cada uno de nosotros ve la habitación a través de la lente de su vida. Un fontanero y un pintor estarán entrando en habitaciones muy distintas.

Eso significa que no puedes usar medidas abstractas. Se acabaron los hombres de metro ochenta. Lo que tienes que hacer es describir la envergadura del hombre basándote en cómo tu personaje o tu narrador percibe a un hombre cuya altura es metro ochenta. Un personaje puede decir que es «un hombre demasiado alto para besarlo», o bien «un hombre del tamaño de mi padre cuando está de rodillas en la iglesia». Evita decir que la temperatura es de cuarenta grados. O que un viaje es de cincuenta kilómetros. Todas las medidas estandarizadas te impiden describir de la forma en que tu personaje ve el mundo.

Así pues, se acabaron las niñas de cinco años. Se acabaron las siete en punto. Y los camiones de dos toneladas.

Sí, es un peñazo tener que tomar todos esos detalles y traducirlos al punto de vista de un personaje. Pero solo al principio. Con un poco de práctica, empezarás a ver el mundo a través de la experiencia del personaje y las descripciones te saldrán de forma natural.

Al final, será incluso divertido.

Meterte dentro de un personaje se parece a tomarte unas vacaciones de ser tú. Aunque, afróntalo, nunca dejarás de serlo. Da igual qué mundo construyas, siempre vas a estar lidiando con tus propios rollos. Los mismos rollos con una máscara distinta. Has elegido explorar a cierto personaje porque hay algo en él que conecta contigo. No finjas ni por un momento que escribir como una persona distinta es evadirte de la realidad. Al contrario: te otorga una mayor libertad para explorar partes de ti que no te atreverías a examinar de forma consciente.

Otro rasgo que presenta escribir desde el interior de un personaje es usar un lenguaje que solo ese personaje usaría. No hay dos personas que hablen igual. Cada persona tiene su pequeño ropero de frases hechas y jerga. Cada persona usa mal las palabras de forma distinta. Por ejemplo, me he fijado en que la gente que viene de familias numerosas siempre usa una cláusula para llamar la atención antes de decir algo:

–Quedaos con esto –dicen–. Esta noche va a helar.

Breve aparte: mientras hacía investigación para mi libro *Rant*, asistí a un seminario para vendedores de coches usados. El instructor del seminario explicaba que la gente suele dividirse en tres categorías: la gente visual, la gente auditiva y la gente táctil. El cliente visual introduce cada afirmación con términos visuales: «Mira...», o bien «Lo veo, pero...». El cliente auditivo usa términos basados en el oído: «Escucha...», o bien «Oigo lo que me dices». El táctil usa términos físicos y activos: «Lo he pillado», o bien «No me entra en la cabeza». Da igual que esto sea verdad o una patraña, es un buen punto de partida. ¿Hacia dónde tenderá tu personaje?

Y lo que es más importante: ¿qué errores lingüísticos constantes cometerá?

Contaba Tom Spanbauer que su maestro Gordon Lish llamaba a estos errores calculados del lenguaje «lengua quemada». Lish afirmaba que las historias no debían dar la sensación de que las había escrito un escritor. Los relatos tienen una mayor autoridad si se narran con la misma pasión y el mismo lenguaje defectuoso que usaría una persona de carne y hueso para contar una verdad cargada de emoción.

Así pues, si escribes desde el interior de un personaje, tienes que «quemar» su lenguaje. Adáptaselo de forma individual. Hasta cuando escribas en tercera persona, haz que el lenguaje refleje la perspectiva y la experiencia del personaje.

A ese consejo de Spanbauer y Lish, yo le añadiría: haz que el lenguaje sea tu puta.

Crea un galimatías para tu personaje. Mira lo bien que le funciona a David Sedaris en su colección *Me Talk Pretty One Day*. O en mi novela *Pigmeo* y mi relato «Eleanor». Por no mencionar *Trainspotting* de Irvine Welsh. Los lectores tienen muchas maneras de determinar el significado de una frase. No solo miran las palabras, sino también el contexto. De forma que es un truco genial subvertir las expectativas escribiendo un pasaje largo y elegante que termine de golpe con la palabra incorrecta.

Cuando yo empezaba a publicar, un editor me contó que la mayoría de los grandes correctores han aprendido el inglés como segunda lengua. Han estudiado meticulosamente eso que la mayoría de los americanos aprendemos de cualquier modo. El resultado es que saben con exactitud dónde han de poner cada coma, cómo usar un punto y coma, y están formados para sacar brillo a las incorrecciones que hacen que una voz narrativa sea fresca y auténtica.

Resulta más divertido oír al personaje idiota, porque manipula el lenguaje para que sirva a sus fines. Lo mismo pasa con los personajes que tienen el inglés como lengua extranjera o con los niños. Cuando leemos *El color púrpura*, el lenguaje demuestra la inocencia del narrador desde la primera palabra del libro. Eso nos prepara al instante para que nos importe el personaje y lo apoyemos.

Y, sobre todo, nada de abstracciones (ni centímetros ni kilómetros, minutos, días, decibelios, toneladas ni lúmenes), porque la forma en que alguien describe el mundo lo debe describir todavía mejor a él. A menos, claro, que estés describiendo a un científico con una puntuación alta en el espectro autista.

Y nada de lenguaje perfecto de telediario, porque la historia no puede sonar falsa, como si la hubiera escrito un escritor.

Por último, evita lo que Spanbauer y Lish llaman «texto recibido». Es decir, nada de topicazos.

AUTORIDAD: APROVECHA LOS PUNTOS FUERTES DE TU MEDIO

Las ventajas: escribir libros es barato. Cuesta poco más que tiempo. Y son fáciles de producir y de distribuir, sobre todo en comparación con las películas, que requieren unos consensos enormes para hacerse realidad. Los libros requieren cierto nivel de inteligencia por parte del consumidor, de forma que es menos probable que caigan en las manos equivocadas: las de un niño, por ejemplo. Por tanto, los libros pueden abordar temas inadecuados para los niños, mientras que el cine es tan fácil de consumir que siempre tiene que haber autocensura.

Los libros también se consumen en privado. En la mayoría de los casos, esto significa que una persona está haciendo el esfuerzo continuado de leer y por tanto otorgando su consentimiento sobre la marcha. Compárese esto con las películas, que se pueden poner en los aviones a unos espectadores que dan su consentimiento y a otros que no. Crear una película cuesta una fortuna, y por consiguiente ha de ser presentable por televisión para generar beneficios. Los tebeos... los tebeos y las novelas gráficas pueden ofrecer casi el mismo espectáculo que el cine, pero sin la música. Pero su facilidad de consumo significa que se tienen que autocensurar.

Los inconvenientes: los libros requieren cantidades enormes de tiempo y energía para consumirlos, en comparación con el cine. La prosa no puede transmitir el mismo espectáculo que el cine. La mayor parte de los libros no consiguen conectar con el público a un nivel visceral. Pueden operar sobre tu mente y tus emociones, pero casi nunca generan una reacción física de empatía. En comparación con los videojuegos, los libros no le ofrecen al público ninguna forma de controlar los acontecimientos. A cambio, es menos probable que los videojuegos puedan explorar todo el espectro de emociones y terminen por romperle el corazón al público.

Un aparte: entre los puntos fuertes del cine está la capacidad de mostrar el movimiento. Y, como siempre, la acción posee una autoridad propia. Piensa en cuántas películas incluyen escenas cruciales que se resuelven con bailes espectaculares. Entre ellas, *Napoleon Dynamite*, *La gran aventura de Pee*

Wee (el baile del tequila sobre la barra), *Romy y Michele*, *Flashdance*, *Footloose*, *Fiebre de sábado noche*... En cambio, claro, las secuencias de baile son menos eficaces en las novelas.

Así pues, cuando elijas una idea para escribir un libro, asegúrate de que sea una idea que se pueda transmitir mejor en forma de libro. Si es una idea que pueden comunicar el cine, los cómics o los videojuegos, ¿para qué molestarte en escribir el libro?

Si fueras alumno mío, te diría que escribieras las historias más extravagantes, subversivas y provocadoras que puedas. Que le saques todo el partido a la libertad total que ofrecen los libros. No aprovechar las ventajas de esa libertad es desperdiciar el punto más fuerte del medio.

AUTORIDAD: ¿CÓMO SE LLEGA A LO IMPOSIBLE?

¿Cómo convences a un lector de algo que está más allá de su experiencia personal?

Pues empiezas por lo que ya conoce y vas dando pasitos hacia lo que no conoce. Uno de mis ejemplos favoritos es la novela *Manual del contorsionista* de Craig Clevenger. Parafraseándola, la novela le dice al lector que se imagine la experiencia de levantarse un lunes por la mañana temiendo lo que se avecina. Otra de esas semanas que idiotizan. Otro día desesperante en el trabajo, haciendo algo que jamás te planteaste hacer para el resto de tu vida. Te estás haciendo mayor, has desperdiciado tu vida y has perdido tus sueños. Y de pronto te das cuenta de que es domingo por la mañana. La oleada de alivio... la felicidad y la alegría que te inundan y te bañan el cuerpo entero en euforia multiplican esa sensación por diez, que es el efecto que tiene un Vicodin.

Bravo por Clevenger. Toma una sensación que todos hemos sentido y la usa como puente para entender algo que quizá no hayamos experimentado. Transmite con eficacia los efectos físicos de un analgésico.

Es lo que yo denomino «precedente cultural», que consiste en llevar al lector desde una experiencia común, a través de varios ejemplos que funcionan como escalas intermedias, hasta llegar a un extremo que el lector ni habría aceptado ni habría podido aceptar si se lo hubieras presentado desde el principio.

Es una forma que me encanta. En el que posiblemente sea mi relato más exitoso, «Tripas», cuento una serie de anécdotas cada vez más graciosas e inquietantes sobre experimentos masturbatorios fallidos. La primera hace reír al público. La segunda hace reír pero termina mal. La tercera hace reír mucho, tanto que me veo obligado a dejar de leer en voz alta hasta que amainan las risas, pero para entonces el público ya está encantado hasta un punto del que no hay retorno. Esa tercera anécdota da un giro inesperado y se lanza de cabeza al terror. Si el público hubiera tenido alguna idea de dónde terminaría esa historia, se habría marchado al principio.

Asimismo, con mi relato «El príncipe sapo» (titulada originalmente con el juego de palabras «The Garden of Ethan»), me dedico a llevar al lector a través de una serie de ejemplos cada vez más extremos, aunque comunes, de modificaciones corporales. Cada uno crea más inquietud, hasta llegar a la larga revelación final.

Es una estructura útil, engarzar anécdotas entre sí para ilustrar un tema. Así llevas al lector de forma gradual desde lo creíble hasta lo increíble.

Plantéate también cuántos relatos del pasado van generando versiones nuevas de sí mismos. Entre mis favoritos está la historia del «animal que se quema». Un ejemplo es el relato «Strays» de Mark Richard. Otro es la anécdota del ratón en llamas de *Cuando te envuelvan las llamas* de David Sedaris. Mientras me estaba llevando en coche al Centro Skirball durante una gira promocional, una publicista de Los Ángeles me señaló una casa de Hollywood Hills. Me explicó que unos amigos suyos habían comprado aquella casa y que no entendían por qué olía mal en invierno. La casa se elevaba en medio de una ladera escarpada. Los ventanales del suelo al techo parecían sostener el tejado plano. La publicista me contó que en la sala de estar había una chimenea de gas donde unas llamas azules danzaban en un lecho abierto de granito blanco triturado.

Tal como terminaron revelando los vecinos, los propietarios anteriores habían tenido un gato. El gato siempre usaba el granito triturado como cajón de arena, y cada vez que alguien la encendía, la chimenea se convertía en una barbacoa apestosa de mierda de gato a la parrilla.

Le conté aquella historia a una publicista de Seattle, durante la misma gira, y ella me contó otra versión casi idéntica. Unos amigos suyos habían vuelto a casa tarde una noche y habían encendido el fuego. Algo, un demonio aullante, había emergido como una erupción de la chimenea y había pegado fuego a las cortinas de la sala de estar. Era el gato.

Allí estaba, el mito perfectamente formado: un nuevo ejemplo de la historia del animal que se quema. Horroroso y triste, pero aceptable porque los precedentes culturales previos lo hacen aceptable para el lector.

Si fueras alumno mío, te diría que leyeras el relato «La monstruosa radio» de John Cheever. Y luego el relato «Call Guy» que publicó Alec Wilkinson en *The New Yorker*. Y que te imaginaras a un niño que encarga las típicas gafas de rayos X de los anuncios del final de los tebeos. Se trata de un artefacto omnisciente del que existe un precedente en nuestra cultura. Las gafas permiten realmente al niño ver a través de la ropa. El hecho de que sea un artefacto conocido permite al lector creérselo. Pero en vez de desnudez sexy, el niño ve cicatrices, magulladuras y pruebas ocultas de tragedias y sufrimiento. Su profesor favorito tiene una esvástica tatuada en el pecho. Su mejor amigo, el chaval más duro de la escuela, tiene vagina...

Utiliza cosas que los lectores ya conozcan para desplazarte de forma gradual hacia lo fantástico, lo trágico, lo profundo.

La antropóloga del lenguaje Shirley Brice Heath explica que los lectores valoran la sorpresa por encima de todos los demás elementos del relato.

Si fueras alumno mío, te diría que crearas una escena bien definida. Que plasmaras el escenario y las acciones físicas sin ofrecer juicio ni resumen algunos. Que usaras un simple Ángel que Graba, como si fueras una cámara. Que permitieras al lector determinar el significado de los acontecimientos. Que dejaras que tu lector se esperara un desenlace y entonces... bum, le echaras encima la intención verdadera, la sorpresa.

En el capítulo 20 de *El club de la lucha*, por ejemplo, damos por sentado que Tyler está intimidando a Raymond K. Hessel. A medida que se desarrolla la escena, el lector da por sentado que está presenciando un robo; que Tyler está provocando y humillando al hombre, y que Hessel es la víctima. A la gente le encanta esa escena porque al final resulta que lo que está haciendo Tyler es ayudarlo a su manera. Primero averigua cuál es la carrera con que Hessel solía soñar y que ha abandonado. Luego Tyler le recuerda al hombre su mortalidad. Por fin, amenaza con regresar y matarlo si no emprende acciones encaminadas a hacer realidad sus sueños.

Se trata de una de las primeras escenas que leí en público, y la respuesta del público fue de júbilo. También es una de las secuencias de la película que más le gustan a todo el mundo.

Así pues, dirige y desorienta al lector, pero no le cuentes qué significa todo. Deja que primero se haga una idea equivocada. En «Tripas», el narrador describe la escena del clímax (nunca mejor dicho) con todo lujo de detalles, contando que hay una serpiente imposible que está intentando ahogarlo en la piscina. Ese detalle desorientador permite al lector entender antes que el mismo narrador lo que está pasando realmente. El horror se mezcla con las risas mientras el narrador sigue negando la realidad, hasta que es demasiado tarde.

Siempre, siempre, si fueras alumno mío, te diría que permitieras que tuviera lugar la epifanía en la mente del lector antes de quedar plasmada en la página.

Estando una vez de gira por Inglaterra, metí en mi equipaje dos mil ambientadores con olor a beicon. Eran unos cuadrados de cartón impresos para parecer tiras de beicon y saturados de un aceite con olor a beicon. Llevaban un cordel y estaban diseñados para colgar del retrovisor del coche. El agente de aduanas me abrió la maleta, los vio y ni siquiera pestañeó. Yo no llevaba una muda de ropa porque no me quedaba sitio. Cuando llegaron las dos mil personas que iban a asistir a mi lectura en Londres, le entregué a cada uno un ambientador. Ellos los abrieron y los manipularon. Pronto el recinto entero olía a beicon frito.

Aquella noche leí el relato «Cráteres hirvientes», que cuenta cómo unos jóvenes excursionistas se sumergen en unas lagunas geotérmicas naturales. El relato avanza lentamente hasta que el narrador sale una noche y nota olor a carne asada. Históricamente, el peligro es que alguien borracho se caiga en una laguna alimentada por un manantial y se dé cuenta demasiado tarde de que el agua está hirviendo. Las historias de los casos reales son desgarradoras, y en el relato cuento con detalle varios precedentes cuya gravedad aumenta de forma gradual. En cuanto el narrador huele a beicon, ya es demasiado tarde. Para entonces, el auditorio entero apestaba a beicon frito. Antes de saber a qué venía el olor del relato, la gente ya se había frotado en broma los cartones contra las manos y la cara.

No hacía falta dictar la verdad. Cualquier descripción posterior solo serviría para confirmar el miedo que ya sentían.

Fue una noche maravillosa, aquella noche en Londres.

Así pues, nunca le dictes ningún significado a tu lector. Si es necesario, dale indicaciones que lo desorienten. Pero permítele siempre que descubra la verdad antes de decírsela tú abiertamente. Confía en la inteligencia y la intuición de tus lectores, y ellos te devolverán el favor.

Durante una sesión de su taller, antes de que una decena de revistas rechazaran mi obra y otro agente más me escribiera para decirme que solo representaba narrativa «agradable», Tom Spanbauer se acercó a su estantería y examinó los títulos. Sacó un libro y lo volvió a meter. Sacó otro y lo devolvió a su sitio, como si estuviera buscando el libro perfecto. Por fin sacó un volumen del estante y me lo dio. «Léelo –me dijo–. La semana que viene podemos hablar de él. Te ayudará mucho con tu trabajo».

No me pidas que te diga cuál era el libro, una novela. Lo había puesto en el mercado un editor famoso por publicar exclusivamente literatura de la más alta calidad. El sello más prestigioso de una editorial muy respetada. La contraportada estaba abarrotada de reseñas de célebres escritores que elogiaban tanto al autor como a la obra.

Durante la semana siguiente me dediqué a leerlo y releerlo. Era una tarea fácil porque apenas superaba el centenar de páginas, pero también resultaba difícil porque los personajes eran unos humildes campesinos desgraciados y agobiados que las pasaban canutas y apenas ganaban para comer en unas colinas resecas y dejadas de la mano de Dios. Vivían en una granja y desayunaban las mismas gachas todos los días. No hacían nada excepcional y tampoco les pasaba nada. Cada vez que terminaba de leerlo me entraba la rabia por haber desperdiciado mi tiempo a cambio de tan poco. Odiaba al autor por hacerme perder el tiempo. Pero sobre todo me odiaba a mí mismo por ser demasiado palurdo para apreciar aquella obra de arte que documentaba las vidas de una gente idéntica a los vecinos con los que yo había crecido.

El jueves siguiente le llevé el libro de vuelta a Tom.

–¿Te ha encantado? –me preguntó sin tomar todavía el libro que yo le ofrecía.

–Está muy bien escrito –le dije.

Era una evasiva. Lo que quería decir era que la ortografía era impecable. Alguien había corregido aquel libro a la perfección.

–Pero ¿qué has aprendido de él? –insistió Tom.

Seguía sin tomarlo de mis manos.

–Creo que no lo he entendido.

Lo había odiado. Y también me sentía estúpido por ser demasiado estúpido para apreciar un libro publicado por la gente más inteligente de Nueva York. Estaba claro que yo había fracasado. Me sentía un paleto ignorante y cazurro porque no me hubiera encantado un libro sobre paletos ignorantes y cazurros. No se me había ocurrido que quizás a la gente de Nueva York le encantara el libro por la misma razón que a la gente blanca y delgada le gusta la película *Precious*. Porque les hace sentirse superiores.

Los demás alumnos estaban llegando y ocupando sus asientos en torno a la mesa de la cocina. Pero Tom no había acabado.

–¿Qué parte es la que no has entendido?

Para encajar con la gente inteligente, mentí:

–El lenguaje me ha encantado –dije.

En los círculos literarios, si todo lo demás te falla siempre has de afirmar que te encanta el lenguaje.

Tom alargó el brazo y tomó el libro. Empezó el taller. No tengo ni idea de quién leyó aquella noche. Al terminarse los últimos comentarios sobre el último relato, Tom leyó unas páginas del libro en el que estaba trabajando. Se marcharon algunos alumnos. Los demás abrimos botellas de vino.

Era jueves por la noche, mi fin de semana entero comprimido en una hora. Disfrutábamos de la presencia de aquel autor publicado, prueba viviente de que se podía realizar aquella gesta imposible. Bebimos y Tom leyó. Charlamos sobre la película de Altman *Vidas cruzadas* y sobre si era fiel a Carver. Quizá charlamos sobre *Magnolia* o *El juego de Hollywood*, dos películas muy populares por entonces. Y llegado aquel punto ya no pude más.

–Lo odio –dije.

Alguien, quizá Monica Drake, me preguntó:

–¿Odias *Vidas cruzadas*?

No, odiaba el libro que me había prestado Tom. «Así que soy estúpido». Venirme abajo me hizo sentirme bien. Era el primer paso que me llevaría a adquirir un conocimiento superior.

Si fueras alumno mío, te daría ese mismo libro y te obligaría a leerlo y a sentirte idiota porque no te encantara. Luego te perseguiría para que me dijeras si te había encantado o no.

Porque lo siguiente que hizo Tom fue sonreírme:

–No te di el libro para que lo disfrutaras.

Todavía no lo había devuelto a la estantería. Lo seguía teniendo sobre la mesa, junto al codo. Miró la portada y dijo:

–Este libro es horrible... –Sonrió como si me hubiera gastado una broma que nunca perdía la gracia, por muchos alumnos a quienes se la hubiera hecho. Y añadió–: Quería que vieras que un libro puede ser terrible y aun así publicarse.

Y devolvió el libro a su lugar en el estante, listo para ser prestado al siguiente desesperado aspirante a escritor.

AUTORIDAD: SUMERGIR EL YO

Si fueras alumno mío, te diría que leyeras el libro de relatos *Campfires of the Dead* de Peter Christopher. Fue Peter quien me enseñó a sumergir el «yo».

Dice la teoría que los relatos contados en primera persona son los que poseen mayor autoridad, porque hay alguien que asume la responsabilidad por ellos. Está presente la fuente de la narración, y no solo una voz omnisciente de escritor. El problema es que los lectores se apartan del pronombre «yo», porque les recuerda constantemente que no son ellos quienes están experimentando los acontecimientos de la trama.

Odiamos eso: vernos obligados a escuchar a alguien que solo cuenta historias de sí mismo.

La solución es usar la primera persona, me enseñó Peter, pero sumergir el yo. Haz que tu cámara apunte siempre a otra parte, que describa a otros personajes. Limita estrictamente las referencias al yo por parte del narrador. Por eso funciona tan bien la narrativa «apostólica». En libros como *El gran Gatsby*, el papel principal del narrador es describir a otro personaje más interesante. Nick es un apóstol de Gatsby, igual que el narrador de *El club de la lucha* es un apóstol de Tyler Durden. Son narradores que ejercen de complementos –piensa en el doctor Watson hablando efusivamente de Sherlock Holmes–, porque un personaje heroico que cuenta su propia historia resultaría aburrido y repelente a más no poder.

Asimismo, no proyectes el mundo a través de los sentidos de tu narrador. En vez de escribir «Oí las campanas», escribe «Sonaron las campanas» o «Empezaron a sonar campanas». Evita decir «Vi a Ellen» y en su lugar pon «Ellen salió de la multitud. Puso la espalda recta y echó a andar, un poco más cerca con cada paso».

Así pues, si yo fuera tu profesor, te diría que escribieras en primera persona pero sacaras casi todos esos «yo» tan molestos.

AUTORIDAD: EL CORPUS DE CONOCIMIENTO DE UN PERSONAJE

Si te fueras de copas conmigo, te contaría cómo solía medir yo el dinero. Cuando empecé a escribir, el *Writer's Digest* informaba de que la revista *Playgirl* pagaba tres mil dólares por relato breve. Así pues, me pareció que aquella revista era el mejor mercado para un relato que yo había escrito, titulado «Estímulo negativo». Al mismo tiempo, acababan de terminarse las obras de un edificio nuevo en el centro de Portland, Oregón, la Torre KOIN, nueva sede de la cadena de televisión KOIN y también de muchas plantas de apartamentos de lujo que se elevaban por encima de los estudios televisivos. Eran las viviendas más pijas de la ciudad, y cada una costaba trescientos mil dólares, de forma que hice mis cálculos:

Si *Playgirl* me compraba mi relato y noventa y nueve más, me podría permitir un apartamento fardón.

Lo que quiero decir es que la gente mide las cosas –el dinero, la fuerza, el tiempo, el peso– de formas muy personales. Una ciudad no está a tantos kilómetros de distancia de otra ciudad, sino a tantas canciones de la radio. Cien kilos no son cien kilos, es esa «pesa del gimnasio que nunca había tocado nadie y que parecía uno de esos chistes de espadas clavadas en una roca, hasta que un día vino un desconocido que la levantó del soporte y empezó a flexionar un solo brazo con ella».

Como dijo Katherine Dinn: «No existen dos personas que entren en la misma habitación» [«No two people ever walk into the same room»].

Ya hemos tocado este tema. Cuando hablábamos de cómo escribir desde el punto de vista interior de un personaje, nos planteamos que un pintor y un fontanero perciben habitaciones muy distintas. Hace unos años me entrevistó por teléfono un periodista escocés. Nuestra conversación se desvió a la música que nos gustaba de niños, y él me mencionó un tema de Hall and Oates que siempre le había obsesionado. La canción trataba de una chica que le robaba la comida a su novio hambriento, que se iba consumiendo.

¿Un tema de Hall and Oates? No me sonaba, así que le pedí que me cantara un verso.

Y el periodista me cantó por teléfono: «Every time you go away, you take a piece of meat with you…».

Otro ejemplo de la vida real. La hija de una amiga mía acababa de tener su primera regla, lo cual le suponía un trauma porque para ella representaba el final de la despreocupación infantil, por no mencionar el dolor físico y las molestias que comportaba. Mi amiga, la madre de la niña, me contó que, una vez explicado el proceso, su hija soltó un suspiro de resignación y dijo: «¡Al menos solo viene una vez al año!».

Katherine Dunn

Se trata de momentos graciosos y conmovedores. Es divertido corregir ciertas equivocaciones, pero también es una tragedia negar esas interpretaciones tan creativas, sobre todo las que se han tenido desde la infancia.

Lo que quiero decir es que el pasado distorsiona y colorea la forma en que percibimos el mundo. Si no le hubiera dicho nada, aquel hombre se habría pasado el resto de su vida oyendo «meat» en vez de «me». Y la forma en que tu personaje describe el mundo no necesita basarse en hechos comprobados. Es más interesante que un personaje vea el mundo a través de una equivocación.

¿Fue Kierkegaard? ¿Fue Heidegger? Algún lumbrera por el estilo señaló que la gente decide ya desde muy joven la naturaleza de su mundo. Y diseña una forma de comportarse en él que la conduzca al éxito. Si la gente te elogia por ser un niño fuerte, inviertes en tu fuerza. O bien te conviertes en la niña lista. O en el niño gracioso. O en la niña bonita. Y eso te funciona hasta que tienes unos treinta años.

Terminada tu educación, te das cuenta de que la forma que elegiste de ganar en la vida se ha convertido en una trampa. Y una trampa que ofrece cada vez menos recompensas. Eres un payaso al que nadie se toma en serio. O bien eres una reina de los concursos de belleza que empieza a hacerse mayor. No tienes más remedio que admitir que tu identidad fue una elección, y entonces elegir otra. Pero sabes que esa segunda estrategia nunca tendrá la misma pasión que la que elegiste en la infancia. Ahora eres especialmente consciente de que esa identidad es algo que eliges. Y sabes también que se termina gastando. Por todas partes hay libros de éxito que hablan de personajes que usan su juventud y belleza para conseguir un bien matrimonio; luego usan esa unión para conseguir una educación, y a su vez usan eso para obtener riqueza. Los libros como *La feria de las vanidades, Lo que el viento se llevó* o *El gran Gatsby* describen a arribistas sociales que navegan en sentido ascendente por el mundo a base de empeñar cada recurso que tienen para conseguir otro recurso mayor.

La otra decisión que pueden tomar el niño gracioso o la niña bonita es negar la elección. Seguir viviendo de acuerdo con el patrón de éxito que ellos mismos establecieron. Pero ahora que se reconoce la trampa, el niño gracioso se vuelve un tipo sarcástico y amargado. Es el artista ingenioso, hundido y bebedor que vive para infligir daño a los demás. La niña bonita se convierte en la reina malvada de *Blancanieves*, deseosa de destruir a cualquier chica que pueda ser más guapa.

La mayoría de mis libros tratan de personajes que han llegado a los límites de una forma temprana de poder. Han sido el niño bueno y obediente (*El club de la lucha*) o bien la chica espectacularmente atractiva (*Monstruos invisibles*), pero han alcanzado un punto en que necesitan encontrar una forma nueva de poder. O bien seguir viviendo de acuerdo con el antiguo patrón ya conocido, pero ahora de mala fe.

Piensa en Jay Gatsby, rechazado por Daisy pero ya conspirando para perseguirla, para lanzar una nueva campaña que consiga su mano. Aun sabiendo en el fondo que Daisy no es una presa tan suculenta, se siente demasiado amenazado por la idea de elegir un sueño nuevo.

Holly Golightly no puede renunciar a su estrategia de eludir eternamente el compromiso, de manera que está condenada a deambular por el mundo sin lazos emocionales.

Sally Bowles quiere el amor del mundo entero, de forma que rechaza a su pretendiente y es consumida por el caos de la Alemania nazi.

Para ver el que quizá sea el mejor ejemplo de esta elección de mala fe, lee el relato de Dorothy Parker «Nivel de vida».

Así pues, elegir el corpus de conocimientos de un personaje no es una simple cuestión de entender cómo su pasado y sus prioridades lo tiñe todo del color de su punto de vista. También tiene que ver con el patrón de éxito que han elegido de niños. El niño gracioso entra en una habitación en busca de detalles de los que burlarse, y tratando de captar frases que le sirvan como base de sus mofas. La niña bonita entra buscando posibles competidoras, con la piel más tersa, mejor figura y dientes más brillantes.

Si fueras alumno mío, te diría que la revista *Playgirl* terminó rechazando «Estímulo negativo». Y que, en vez de un apartamento de lujo en un rascacielos, al final solo me pude permitir una cabaña de treinta metros cuadrados en mi vecindario, una especie de caseta donde no se cogía bien la señal de la televisión ni de la radio. No había televisión por cable y faltaban décadas para que llegara internet. Había goteras, pero en aquella cabaña diminuta y sin distracciones escribí mis cuatro primeros libros; o cinco, si cuentas el intento desastroso que fue *If You Lived Here, You'd Be Home Already*.

Te preguntaría: ¿qué estrategia ha elegido tu personaje para triunfar en la vida? ¿Qué bagaje de enseñanzas o experiencias trae consigo? ¿Qué prioridades? ¿Será capaz de adoptar un sueño y una estrategia nuevos?

Todos los detalles que el personaje perciba en el mundo dependerán de tus respuestas a esas preguntas.

POSTAL DE LA GIRA

¿Viste mi anuncio de la Super Bowl?

No, no es broma. Hablo de un anuncio de televisión de un banco, que estaba programado para emitirse durante el torneo de 2016, aunque no en todo el país, a diferencia de un anuncio de Budweiser, por ejemplo. Una agencia de publicidad me hizo la propuesta en nombre de un banco, explicándome que querían producir el anuncio para un público «regional», es decir, solo para unos cuantos millones de ojos en vez de para mil millones. Aparecería un actor en el centro de un escenario vacío y declamaría un monólogo sacado de mi libro *El club de la lucha*. Ese que dice: «Somos una generación criada por la televisión para creer que algún día seremos millonarios y estrellas de cine y dioses del rock...». Sí, *ese discurso*, que en la película pronuncia Brad Pitt. Un monólogo bueno y breve, seguido por el eslogan del banco en off: «Sé dueño de tu vida, o lo será otro».

Sobre el papel, sonaba bien. Bueno, lo que sonaba bien era el dinero que me ofrecían; estaban hablando de una cantidad de seis cifras, una suma diez veces mayor que el salario anual de mi último trabajo. Y lo del millón de ojos también me halagaba sobremanera. El único inconveniente era la idea de venderme. No es que mis libros sean como hijos queridos para mí, pero sí que contienen ciertas ideas que defiendo. Mi contrapropuesta fue que, en vez de un actor, tenía que ser yo quien pronunciara el discurso. Por la televisión. Durante la Super Bowl. Debía venderme en persona.

No quiero jactarme, pero llevo años rechazando pretendientes. Primero fue Volvo, la pobre Volvo, la que me pidió que escribiera una serie de historias que atrajeran al público. Corrían los tiempos de la publicidad «viral» por internet, y todas las historias se centrarían en un villorrio perdido de Suecia donde se vendía una cantidad enorme de coches Volvo. El concepto se podía desarrollar en cualquier dirección, me aseguraron, aunque la impresión que me dio fue que algo relacionado con vampiros sería bien recibido. Todos los fragmentos de la historia se subirían a la red, y el anunciante confiaba en que se pudiera congregar un público que reuniera todas las partes y descubriera la revelación final. Si no recuerdo mal, me ofrecían decenas de miles de dólares.

Les dije que no. En realidad, nunca dices que no. Siempre dices alguna versión cortés de: «Gracias por pensar en mí. Parece un proyecto fabuloso, pero ahora mismo tengo demasiados compromisos. Por favor, tenedme en cuenta para cualquier trabajo futuro...». Porque nunca se sabe. El diseñador publicitario con el que hablas hoy podría ser el director de cine del año que viene.

Después de Volvo vino BMW, proponiéndome también que escribiera una colección de relatos. La grabarían como audiolibro y la regalarían en cedé a todo el que comprara un BMW nuevo. Una vez más, el dinero que pagaban era tentador. Siempre lo es. Aun así, les dije: «Parece un proyecto fabuloso...».

Cierto: había leído la severa reprobación que había escrito David Foster Wallace sobre el texto publicitario de Frank Conroy para el folleto promocional de un crucero. A modo de pago, Conroy había recibido un crucero por el océano para su familia numerosa, pero más tarde se había arrepentido de escribir aquella carta de amor con que había intentado venderles unas vacaciones parecidas a sus lectores. Y sin embargo... yo también había hojeado unos cuantos ejemplares antiguos de *National Geographic,* y había encontrado anuncios a toda página en los que Ernest Hemingway promocionaba alguna marca de whisky, William Faulkner vendía puros y Tennessee Williams cantaba las alabanzas de –justamente– un crucero.

Míralo tú mismo. Los anuncios están ahí. Los más importantes escritores del siglo XX no tenían reparos en promocionar productos. ¿Por qué había de tenerlos yo?

Tampoco es que viva en una cueva. Cuando los agentes de Anthony Bourdain mandaron un email a mis agentes para sugerir que yo acompañara a Tony –la gente que lo conocía lo llamaba Tony– en una gira para que conociera Portland, Oregón, acepté. El problema era que hacer trabajo de campo con Tony era encontrarte en una pequeña burbuja flotando sobre el mar embravecido de energía que siempre se elevaba y rompía en torno al señor Bourdain. Pasábamos por delante de los restaurantes y los camareros salían corriendo y lo agarraban, arrastrándolo físicamente al interior, sentándolo en una silla y trayéndole hasta el último plato del menú.

Si ves aquel episodio, quizá consigas verme rondar por la periferia de algún plano. Y si miras más de cerca, verás que me he tomado dos Vicodin de 600 miligramos y estoy completamente colocado para soportar el estrés. Voy dando tumbos y balbuceando, y cuando visitamos Voodoo Doughnut y me ponen delante un donut enorme con forma de pene que me suelta chorros de crema pegajosa por toda la cara... en fin, ni me inmuto.

En mi defensa diré que la siguiente vez que los agentes de Tony llamaron para preguntar si quería repetir la experiencia para su nueva serie, decliné el ofrecimiento. Costaba encontrar Vicodin, así que les sugerí que se pusieran en contacto con la escritora de thrillers Chelsea Cain, que es amiga mía y conoce Portland mucho mejor. Chelsea es lista y divertida y telegénica, pero la buscaron por Google y decidieron no ponerla en el programa. ¿Por qué? Chelsea no les abría las puertas de la audiencia masculina de entre dieciocho y treinta y cinco años. O algo parecido. Y resultaba que yo sí que atraía aquellas miradas. No era a mí a quien querían, no era *a mí*; era a mis lectores.

Y tampoco se puede decir que yo no hubiera hecho ya un esfuerzo enorme para prostituirme. Durante un almuerzo en Chicago, mi editor me hizo sentarme al lado de Terry Gross con la consigna muy concreta de cautivarla y ganarme un sitio en su popular programa de la National Public Radio. Me pasé todo aquel almuerzo fingiendo interés en sus gatos, sí, en sus gatos, a la vez que le suplicaba telepáticamente que me amara y me entrevistara. Sospecho que esa entrevista nunca tendrá lugar. Gran suspiro.

Y tampoco se puede decir que no haya aceptado dinero durante mi carrera. En el año 2000 o 2001, Chevrolet me ofreció cinco mil dólares a cambio del derecho a mencionar *El club de la lucha* en un anuncio de televisión para la camioneta Ram. Después de restarle la comisión de mi agente y los impuestos, el pago se quedó en calderilla, menos de lo que yo había pagado por mi primer coche usado en 1978. Que había sido un Chevy Bobcat (búscalo online). Parecía una jugarreta del karma, como si Chevy se estuviera vengando.

Luego me llamó la Jaguar/Land Rover. Me ofrecieron medio millón de dólares por escribir un relato que se pudiera convertir en película y donde saliera un Land Rover ocupando un lugar crucial y en primer plano. Medio millón de dólares. Me acordé de cuando me había tirado encima de Terry Gross durante un almuerzo. Había hecho cosas peores por dinero. Y quizá fui estúpido, pero dije que no.

Menos de un año después, me llamaron de la Super Bowl.

Era una oferta halagadora. ¿Alguna vez le habían ofrecido un anuncio en la Super Bowl a Cheever? ¿Y a Shakespeare, ya puestos?

La agencia de publicidad sometió mi idea a consideración durante un par de minutos. Implicaba pagarme el permiso de uso por el extracto del libro. Más una cantidad adicional por mi interpretación. Y, sin ni siquiera pestañear, retiraron la propuesta.

Por eso no me visteis en mitad de la Super Bowl de 2016. No fue porque me lo hubieran impedido mi dignidad ni mis principios. Fue porque pedí demasiado dinero y no les daba las suficientes miradas a cambio.

Pero sigo esperando. Ya no soy joven, pero tengo el teléfono encendido. Por si acaso me llaman Volvo o Jaguar o Terry Gross. Os lo suplico: por favor, volved a hablarme de vuestros gatos.

AUTORIDAD: USAR LAS SENSACIONES FÍSICAS PARA CREAR REALIDAD

Plantéate el hecho de que tu cuerpo tiene una memoria propia. Nos encantan esos programas de ciencia forense donde el experto entra en una escena del crimen y «lee» las pistas. Bajo el escrutinio de Sherlock Holmes o de la señorita Marple, cobran importancia ciertos detalles que parecían inocuos. De la misma forma, un médico puede leer un lunar o un temblor y emitir un diagnóstico ominoso.

La mayoría de los relatos apelan a la mente o al corazón del lector, a su intelecto o a sus emociones, pero unos pocos se dirigen también al cuerpo del lector. Los relatos que buscan una respuesta física –el terror, la pornografía– se perciben como baja cultura. Pero si fueras alumno mío, te preguntaría: ¿por qué no puede un relato de alta cultura apelar a la mente, al corazón y también al cuerpo?

Hace años, una periodista de *USA Today* me estaba entrevistando en el restaurante The Ivy de Los Ángeles. Estábamos sentados en el patio, rodeados de celosías y buganvillas y bebiendo té helado. La periodista era amiga de Tom Hayden, el político radical y segundo marido de Jane Fonda, y me dijo que Tom quería que fuera a verlo después del almuerzo para hablar de la anarquía. Estaba fascinado con *El club de la lucha* y quería hablar del libro mientras jugábamos al croquet. Sí, al croquet. Y durante todo ese rato en que me estuvo vendiendo los deportes de jardín políticamente radicales, la periodista no paró de usar los dedos de una mano para rodearse la fina muñeca de la otra. Se dedicaba a agarrarse la muñeca, poniendo los dedos como si fueran una pulsera bien prieta.

Durante un remanso de la conversación, le llamé la atención acerca de aquel hábito. Ella bajó la vista, sorprendida, como si sus manos pertenecieran a una desconocida. No había sido consciente de estar haciendo aquel gesto. De adolescente, me explicó, había sido anoréxica. Y a medida que disminuía su porcentaje corporal de grasa, había creado pequeñas pruebas para medirlo. Al llegar al dos por ciento, había sido capaz de sentir los huecos que le quedaban entre los ligamentos de la muñeca. Era eso lo que había estado haciendo con la mano: medirse la grasa corporal. Había sido una conducta tan automática para ella en el pasado que todavía se sorprendía haciéndolo. O, en este caso, la había sorprendido yo.

Se trata de la clase de «señal» física que, si la describes de forma eficaz, puedes conseguir que el lector adopte. Somos imitadores naturales. Cuando iba el instituto trabajaba en un cine con otro chaval llamado Chuck. No éramos amigos y no hablábamos casi nunca, pero el otro Chuck tenía un tic nervioso. Sufría unos pequeños espasmos en la comisura de la boca que se la estiraban hacia un lado. Casi nunca tenía la boca quieta. Siempre se le movía aquella comisura hacia la oreja.

Los expertos hablan de «neuronas espejo», que rigen la tendencia de una persona a imitar las expresiones y la energía de otros. Los zombis, se nos dice, son tan aterradores porque siempre despliegan respuestas emocionales planas. No muestran emociones pese a las circunstancias. Y el hecho de que no reflejen las emociones de la gente hace que resulten todavía más hostiles y extraños.

En cualquier caso, yo no llevaba ni una semana trabajando con Chuck y ya había adoptado su tic. No lo hice deliberadamente. No fue como cuando los jóvenes copian los manierismos y rasgos que les resultan atractivos para construir su propio modo de aparecer ante los demás. No, aquel tic de la boca era contagioso.

Esa es justamente la clase de elementos físicos que te diría que desarrollaras en tu obra.

A fin de realzar el elemento físico de una historia, resulta útil describir a personajes que toman drogas o que sufren enfermedades. O mostrar sexo y violencia, o procedimientos médicos.

Se trata, en todos los casos, de formas de exagerar la conciencia física de un personaje, y de mover al lector a que experimente una reacción física empática. Da igual que sean drogas o sexo o enfermedades, también te permitirán distorsionar el mundo normal de tal forma que los escenarios y acontecimientos normales parezcan retorcidos y amenazadores. La rosa y el roble se convierten en las realidades ajenas y grotescas que Jean-Paul Sartre veía en ellas. En mi relato «Perdedor», un universitario en pleno viaje de LSD participa en un concurso televisivo, y en su pugna con el programa se da cuenta de que la competición para acumular montones enormes de bienes de consumo carece de sentido.

En el relato de E.B. White «Dusk in Fierce Pajamas», el inicio de una conjuntivitis va enloqueciendo progresivamente al febril narrador mientras examina las fotos de unas revistas de moda.

Tom Spanbauer llama a esto «usar el cuerpo». Con esa expresión se refiere a centrarse en las sensaciones físicas internas de un personaje. Te dice, por ejemplo: «Este sería un buen lugar para usar el cuerpo…». Se trata de una forma fiable de expandir un momento dramático. Hay que pasar de describir la escena exterior a describir el interior del personaje. Tal como aconseja el escritor Matthew Stadler, «cuando no sepas qué pasa a continuación, describe el interior de la boca del personaje». Lo dice en broma, pero en realidad no.

Si se hace bien, esto provoca una reacción corporal en el lector. Una vez lo hayas hecho, ya puedes volver a describir la escena, o intercalar una observación con voz grande, o añadir un nuevo factor de estrés, o lo que sea que creas que funcionará mejor para incrementar la tensión del momento.

Si «usas el cuerpo», ya no estarás implicando solo el corazón y la mente del lector, sino también su cuerpo. Estarás usurpando su realidad entera.

Si fueras alumno mío, te diría que miraras las cosas que hace la gente de forma inconsciente. Y que recopiles las historias que cuentan para explicar esas conductas.

Si quieres más ejemplos, mira la sección siguiente.

AUTORIDAD: DESAYUNO EN BROOKS BROTHERS

Cuando murió mi madre, me puse a preguntar por ahí hasta que alguien me pudo recomendar a un analista jungiano. Mi meta era afrontar de cara todo el proceso del duelo.

Pregunté por uno jungiano porque me atraía el planteamiento narrativo de Carl Jung, todo el asunto de los sueños, o el hecho de llevar un diario de sueños. Y cada jueves por la mañana, antes de que abrieran las tiendas del centro, me reunía con el analista en cuestión en el despacho que tenía en un rascacielos. Él me preparaba una taza de té y hablábamos de lo que fuera que me había frustrado aquella semana. Yo le pagaba tres billetes de cincuenta dólares y salía agitado por la vergüenza de haber hablado tanto sin haber dicho nada significativo, y también resentido por el hecho de que él apenas hubiera abierto la boca.

El analista me contó que su perro era viejo, y que él estaba guardando todo el pelo que soltaba. Había una empresa en internet capaz de tejer todo aquel pelo y hacerle un jersey que lo reconfortara después de que el perro muriera. Una idea encantadora, pero que no valía el dinero que yo le estaba pagando. Esto duró desde la temporada de los narcisos hasta que florecieron los primeros tulipanes, más o menos desde la Super Bowl hasta que hubo que presentar la declaración de la renta.

Sea lo que sea que hace un analista, aquel hombre lo hacía, suponiendo que eso incluyera mirar los pájaros de la cornisa de la ventana y preguntarme de vez en cuando si había soñado algo. Yo no había soñado nada. El silencio me parecía un desperdicio de ciento cincuenta dólares, de forma que me dedicaba a llenarlo. Así pasaba una hora y me encontraba a mí mismo esperando el ascensor, con la garganta dolorida de tanto hablar sobre nada. El trayecto a pie hasta mi coche me hacía pasar por delante de Brooks Brothers, donde una mañana vi un letrero en un escaparate que anunciaba rebajas.

Sí, tenía dinero para malgastarlo en cháchara y en la observación urbana de pájaros. Pero en Brooks Brothers… Un campo de fuerza invisible me hizo pasar de largo.

Para entonces yo ya le había contado la mayor parte de lo que sabía sobre mis padres, que estaban los dos muertos. Y quizá la estrategia fuera esa: hablar hasta agotar el apego emocional. El analista echaba vistazos furtivos al reloj que yo sabía que había en la estantería de detrás de mí. Los letreros de rebajas seguían en el escaparate de Brooks Brothers. Una mañana entré. En la sección de artículos rebajados encontré una americana de tweed marrón, y el empleado se me puso detrás y me la colocó sobre los hombros. El precio rebajado era ciento cincuenta dólares. Un sastre con acento ruso me hizo una señal para que lo acompañara a la zona de arreglos y me pidió que me subiera a una tarima baja.

–Así no –me dijo–. Con naturalidad.

Quería decir que no me pusiera como un cadete de la academia militar Yo estaba con los hombros echados hacia atrás, sacando pecho y metiendo barriga.

Quería decir: Relájese. Con los labios fruncidos para sujetar una hilera de alfileres, me marcó los hombros con tiza y pellizcó la tela que me sobraba entre los omóplatos. Para tomar prestada la frase de Craig Clevenger, me sentía como si me hubiera tomado un Vicodin. Notaba calidez en el cuerpo. Me relajé hasta entrar en un trance digno de Holly Golightly. Fuera lo que fuese que estaba haciendo aquel sastre ruso, pellizcando las hombreras, pasando la mano por la pechera para ver si había que mover los botones... yo no me acordaba de la última vez que me había sentido tan protegido. Era como si nada malo pudiera pasar allí, entre aquellos paneles de madera pulida y telas de pata de gallo, pantalones cortos de madrás para jugar al golf y jerséis de lana de Shetland.

Un aparte: de niño me maravillaba el hecho de que las iglesias estuvieran abiertas todo el día. Y algunas también por la noche. Nuestra iglesia, Saint Patrick's, no tuvo cerradura en la entrada hasta que fui adolescente. Podías entrar, sentirte a salvo y poner en orden tus pensamientos. Ahora solo las tiendas hacen esos horarios, así que no es de extrañar que ir de compras se haya convertido en nuestro pasatiempo más reconfortante. El supermercado abierto las veinticuatro horas ha reemplazado al templo abierto las veinticuatro horas.

Los arreglos estarían listos en una semana, me dijo el sastre, y me quitó con cuidado la americana, toda erizada de alfileres. El día que fui a recogerla, me compré unos pantalones que también hubo que marcar con tiza y alfileres. El sastre estaba llegando en aquel mismo momento, desabrochándose la correa de un casco negro de moto. Me subí a la tarima y él se arrodilló para pellizcar la tela y marcar con la tiza. Mi analista quiso trasladar nuestras sesiones a los miércoles por la mañana, pero le dije que los miércoles no podía ir. Resultó que mi terapia se había terminado. No estaba curado, pero era libre.

El jueves siguiente me compré otra americana, esta de color gris con cuadros de un azul muy claro. Me quedaba todavía peor. Tuve que volver tres veces para abrir costuras y estrechar. A aquella hora de la mañana, no había más clientes. El sastre llegaba con su casco. A veces lo veía quitarse una chaqueta de cuero de motorista negra. Él juzgaba la nueva adquisición: el tiro de la espalda caía mal, o bien las solapas no me quedaban del todo pegadas al pecho. Siempre había algún problema. Y cuando no lo había, y la americana quedaba bien... entonces me compraba otra que no.

Mi cuerpo sabía algo que no sabía mi mente, y yo quería entender aquel secreto. ¿Por qué aquellos alfileres, aquel olor grasiento a tiza de sastre, y aquella especie de yoga consistente en quedarme completamente inmóvil, por qué todo aquello me llenaba de un éxtasis auténtico y genuino?

No entonces, sino unos años más tarde, yo estaba en Milán. Mi dentista me había vendido un cepillo de dientes ultrasónico, alegando que me iría igual de bien que la seda dental que yo me negaba a usar. Cada treinta segundos el cepillo pitaba para indicarme que lo trasladara a una zona distinta de la boca, y al cabo de dos minutos se apagaba automáticamente. Llevarse cualquier cosa eléctrica a Europa es un peñazo, de forma que a Italia me llevé mi viejo cepillo de dientes. Durante mi primera mañana allí empecé a cepillarme y cepillarme, a cepillarme y cepillarme. Se me llenó la boca de espuma roja y me seguí cepillando. Ya tenía las encías en carne viva y sangrando. Pero el cepillo de dientes no se apagaba. Me lo saqué de la boca y me quedé mirando aquel viejo cepillo manual mío, un simple palo de plástico con cerdas en un extremo, diciéndome: «¡Debe de estar roto!».

Más recientemente pegué el dedo a la página de un ejercicio de un alumno. Moví el dedo hacia abajo por el margen, pensando: »¿Por qué no baja esto?».

¡Porque es papel! ¡Porque mi cepillo eléctrico estaba en América! Así vivimos nuestras vidas, con piloto automático. En otra ocasión, esta más siniestra, unos amigos habían alquilado una casa en la playa, y la compartimos todos un fin de semana. Nos dedicamos a beber y a jugar a juegos de mesa. Durante una partida de Trivial Pursuit, la mitad correspondiente a la esposa de un equipo consistente en un marido y una esposa ofreció una respuesta equivocada y su cónyuge se puso de pie de un salto y le gritó: «¡Vete al carajo! ¡Típico de ti, Cindi!».

La joven pareja se enzarzó en un combate de insultos. Las caras rojas, enseñando los dientes. Recriminándose hasta la última ofensa o equivocación del pasado. El resto de los jugadores nos quedamos petrificados y encogidos, evitando mirarnos a los ojos mientras el bramido de la tormenta barría la mesa.

A medida que remitían los gritos, descubrí que me había levantado de la silla y me había inclinado en dirección a la riña. No para discutir ni para participar, sino para... disfrutarla. Me sentía como si aquella pelea fuera una chimenea navideña encendida, o un paisaje obscenamente idílico, al estilo de aquellas «pinturas de luz» de Thomas Kinkade que representaban una cabaña perfecta con techo de paja en medio de un crepuscular jardín de rosas. Mi cuerpo estaba reaccionando, anhelando, atraído por alguna nostalgia oscura que el resto de mí había olvidado.

Los gritos, las palabrotas. Aquella no era una de las muchas peleas de mis padres, pero mi cuerpo no lo sabía.

Aquel fin de semana me di cuenta de que necesitaba explorar el miedo y la atracción que me provocaban los conflictos. La casa de vacaciones no tenía suficientes camas, de modo que yo había estado durmiendo en el asiento trasero del coche de alguien. Y fue allí, aquel fin de semana, donde empecé a escribir *El club de la lucha*.

¿Ves lo que he hecho aquí?

Si fueras alumno mío, te empujaría a que crearas una epifanía. Tendrías que desenterrar o imaginar el momento en que me di cuenta de por qué el sastre de Brooks Brothers me había aportado más consuelo que gastarme una fortuna en psicoanálisis jungiano. Como no recuerdo un momento único de revelación, lo que he hecho ha sido redirigirte a otros ejemplos de recuerdos físicos. El cepillo de dientes. La página de papel que no baja.

¿Te he dicho que mi madre cosía la ropa de nuestra familia? Lo había olvidado. Pero, aunque mi mente lo hubiera olvidado, mi cuerpo se acordaba.

Durante toda mi primera infancia, mi madre nos hacía la ropa a mis dos hermanas, a mi hermano y a mí. Cada noche nos llamaba a uno distinto al piso de arriba para poder medirnos y poner los alfileres. Primero con los patrones de papel de seda y después con la tela ya cortada. La parte en que nos teníamos que quedar quietos se alargaba una eternidad, haciendo que nos perdiéramos el estreno de la semana de la ABC (*Killdozer!*, protagonizada por Clint Walker) o *McMillan y esposa*, *Colombo*, protagonizada por Peter Falk, *Starsky y Hutch*, protagonizada por David Soul o *El maravilloso mundo de Disney*.

Con los labios fruncidos en torno a una hilera de alfileres, mi madre estiraba una comisura de aquella boca-alfiletero y decía: «¡Quédate quieto!».

Mi piel había reconocido las pasadas rápidas y bruscas de la tiza del sastre. El peligro de los puntiagudos alfileres. Aquel sastre ruso, con su moto y su ropa de cuero negro, no era mi madre, pero mi cuerpo no conocía la diferencia.

Para cuando me di cuenta, ya tenía el armario abarrotado de ropa. Tenía una americana de color crema con rayas finas de color azul y rosa, perfecta para llevar con cualquiera de mis varias docenas de camisas de vestir azules y rosas de Brooks Brothers. Me quedó genial en el programa de Tavis Smiley. Tenía chaquetas de sport de sirsaca. Una de tartán gris claro que llevé en el escenario del Carnegie Hall. Portland no es una ciudad donde los hombres vistan elegante, así que la mayor parte de mis americanas y pantalones se fueron de gira conmigo y debutaron en la televisión alemana o en la española.

Mi pijama de raya diplomática de Brooks Brothers, al estilo del Dagwood Bumstead de la tira cómica *Blondie*, lo estuve llevando durante los dos años de gira en que las escritoras Chelsea Cain, Monica Drake, Lidia Yuknavitch y yo estuvimos haciendo nuestras veladas de «Cuentos para ir a dormir para adultos». En el Ritz-Carlton de Houston y en el Four Seasons de Baltimore, nos dedicábamos a beber en el bar del hotel después de cada espectáculo, yo con mi pijama pijo y las mujeres con saltos de cama vaporosos adornados con sutiles plumas de garceta. En el pecho nos relucían unos enormes broches de estrás que yo había encontrado en Wichita, en una tienda de antigüedades regentada por dos drag queens de noventa años que se estaban haciendo demasiado viejas para hacer de drag queens.

Lidia, Monica y Chelsea llevaban unos collares de drag queens jubiladas tan enormes como colas desplegadas de pavo real. En el Hotel Peninsula de Chicago, una pareja anciana recién salida de la ópera, él con esmoquin y ella cargada de diamantes, se quedó allí de pie fulminándonos con la mirada. En voz bien alta para que el bar entero saboreara el comentario, el hombre declaró: «¡Estos atuendos no son adecuados para el Peninsula!».

Si fueras alumno mío, te hablaría del primer ejercicio de escritura que Tom Spanbauer les solía asignar a sus alumnos. Les decía: «Escribid sobre algo de lo que apenas os acordéis». Empezaban con un olor. O un sabor. Y un detalle físico tangible llevaba a otro. Era como si sus cuerpos fueran grabadoras mucho más eficaces que sus mentes.

Repitamos: tu cuerpo es una grabadora mucho más eficaz que tu mente.

En cuanto entendí por qué los arreglos de ropa eran mágicos, la magia ya me pareció menos potente. El sastre volvió a ser un tipo con una cinta métrica de tela sobre los hombros. Y mi cerebro pasó a asumir el control. La razón de que yo siempre hubiera evitado comprar ropa, incluso después de tener dinero para ir de compras en sitios como Brooks Brothers o Barneys, era que me parecía un insulto llevar algo mejor que lo que mi madre podría haberme hecho. Por las noches hilvanaba y hacía dobladillos, y llamaba a alguno de los niños al piso de arriba para tomar la medida de una cintura. Pero a pesar de sus esfuerzos –una noche se desmayó por culpa de un golpe de calor y nuestro padre la encontró tirada entre la tabla de planchar y la máquina de coser Singer–, se notaba que nuestra ropa estaba hecha en casa. La tela la había comprado rebajada porque era de colores chillones. Los botones estaban reciclados de un vestido de boda o algo parecido. Pero llevar algo mejor incurría en el riesgo de herir sus sentimientos.

De manera que mi ropa, incluso después de haber tenido éxito, seguía saliendo de las tiendas de caridad.

Y también mi lenguaje. La ropa comprada en tiendas y las palabras de diez dólares nos resultaban pretenciosas y engreídas, así que comprábamos lo que podíamos encontrar de segunda mano, mis hermanas, mi hermano y yo, y hablábamos del tiempo.

Y ser consciente de esa tendencia de mi piloto automático me liberó. Mi madre estaba muerta. Ya me podía vestir un poco bien. Mis ideas podían crecer junto con mi vocabulario.

Así pues, si fueras alumno mío, te diría que escucharas a tu cuerpo mientras escribes. Que tomaras nota de cómo tu cuerpo sabe cuánto café te queda por el peso de la taza. Que transmitas tus historias no solo a través de los ojos y las mentes de tus lectores, sino también de su piel, sus narices, sus tripas y las plantas de sus pies.

AUTORIDAD: AJÚSTATE A TU ARQUETIPO

Tanto Chelsea Cain como yo tenemos maletas enormes que solo usamos para las giras promocionales largas. Cada vez que yo sacaba la mía del trastero, mis perros la veían y se echaban a llorar. Cuando Chelsea abría la suya encima de una cama y la empezaba a llenar, sus perros se le metían dentro y se quedaban dormidos entre su ropa doblada.

Eso me dio una idea para un relato. Hay muchas familias donde el padre o la madre se ven obligados a hacer viajes largos por trabajo… Así pues, ¿por qué no un relato donde el gato de la familia se ha colado en la maleta? El viajero se embarca en un vuelo nocturno a Europa, y cuando aterriza se encuentra un mensaje de texto o de voz de su mujer diciéndole que el gato ha desaparecido. Aumenta la inquietud. Llega a su hotel y no tiene valor para abrir la maleta. Lo más probable es que su querido gato esté dentro. No quiere averiguar si está vivo o muerto.

La historia me cautiva porque es una demostración práctica de la paradoja filosófica del gato de Schrödinger. Búscala.

La historia del gato puede ser el relato entero, y terminar con el hombre llorando junto a una maleta cerrada con llave. O pegando el oído al costado. O acariciando con tristeza el costado de la maleta. O quizás, en un gesto compasivo, se encuentra con el gato muerto y telefonea a su mujer para decirle que el gato *no está ahí*, y que por tanto debe de estar todavía en la casa. O quizá...

O quizás el gato no es un gato. El bebé de la familia quiere tanto a su padre que se ha metido en la maleta. Durante el vuelo a Europa, el hombre tiene la cabeza en otra parte. En Londres lo recibe la policía, que le exige que abra la maleta. O bien se encuentra un frenético mensaje de voz de su mujer: ha desaparecido su hijo.

Da igual que dentro de la maleta haya un gato o un bebé, y que esté vivo o muerto; en cualquier caso, la historia ilustra la paradoja del gato de Schrödinger. Ese es el arquetipo. Y la razón de que los lectores estén tan predispuestos a responder a ella.

La lección es la siguiente: si puedes identificar el arquetipo que describe tu relato, podrás satisfacer de forma más eficaz las expectativas inconscientes del lector.

En el relato «Fénix» creo una situación donde una madre le exige a un padre que haga daño a su hija para demostrarle su amor. La madre está en pleno viaje de negocios y su hija se niega a hablar con ella por teléfono. Por miedo a que la niña esté muerta, le exige a su marido que haga daño a la niña, porque un grito de dolor demostraría que la niña sigue viva. Por ridículo y horrible que parezca, el relato funciona porque es una versión del relato de Isaac y Abraham del Génesis, en el Antiguo Testamento.

Pero, en vez de Dios, quien le exige a Abraham que le demuestre su amor apuñalando a Isaac es una madre angustiada la que presiona al padre para que le clave una aguja a su niña.

Es un recurso parecido al de usar precedentes culturales para trasladar al lector de lo que conoce a lo que no conoce, pero de un modo más profundo.

Si eres capaz de identificar la leyenda que hay en el núcleo de tu relato, podrás satisfacer mejor la expectativa del final de esa leyenda.

AUTORIDAD: EQUIVOCARTE EN ALGO

Una de las formas más fáciles de ganarte la confianza del lector es equivocarte en algo.

En mi opinión, hay dos formas de autoridad. A la primera la llamo «autoridad de cabeza», donde el escritor despliega una sabiduría o conocimiento superior al lector. Puede ser algo básico y terrenal, como los pasajes de *Las uvas de la ira* en que los personajes usan alambre fino para comprimir las arandelas de los pistones cuando vuelven a montar un motor. O algo de peor gusto, como cuando la madre de mi libro *Asfixia* cambia los botes casi idénticos que hay dentro de las cajas de tinte sabiendo que los compradores acabaran con el pelo de un color que no se esperan.

El segundo tipo de autoridad es la «autoridad de corazón», que se gana cuando un personaje cuenta alguna verdad emocional o comete algún acto que demuestra una gran vulnerabilidad. El personaje hace gala de sabiduría o valentía emocionales pagando el precio de un dolor enorme. A menudo eso pasa por matar a un animal, como en la escena de mi libro *Rant* donde un personaje tiene que matar a su doguillo porque manifiesta señales claras de rabia. O la escena de *Lean on Pete*, de Willy Vlautin, en que el narrador tiene que matar a un caballo de carreras viejo y lisiado. En el relato de Denis Johnson «Sucia boda», el narrador está esperando mientras su novia está teniendo un aborto. Se le acerca una enfermera y le dice que su novia, Michelle, está bien.

–¿Está muerta? –pregunta el narrador.

–No –dice la enfermera, estupefacta.

Y el narrador responde:

–Casi desearía que lo estuviera.

Esto deja pasmado al lector, pero también crea una «autoridad de corazón». Sabemos que el escritor no tiene miedo de contar una verdad espantosa. Puede que no sea más listo que nosotros, pero sí es más valiente y sincero. Eso es la «autoridad de corazón».

Es lo que pasa en mi relato «Romance», a medida que la conducta de la novia se va volviendo cada vez más errática y el narrador se ve obligado a negar la realidad hasta el punto de que ha de rechazar a su familia y a sus amigos. «... Y después de todo eso, a nuestra boda vino mucha menos gente de la que te esperarías».

La autoridad emocional también se consigue haciendo algo horrible pero necesario por una razón noble. Es lo que hace Rynn, la protagonista de *La muchacha del sendero*, cuando se ve obligada a matar a quienes quieren abusar de ella. O Dolores Clairborne, del libro homónimo de Stephen King, cuando intenta matar a su deprimido y suicida jefe.

Las equivocaciones o malas acciones permiten al lector sentirse más listo. El lector se convierte en el tutor o padre del personaje, y quiere verlo sobrevivir y triunfar.

Otra forma de crear autoridad de corazón es mostrar a un personaje que habla de sí mismo en tercera persona. Piensa en la escena de *El club de la lucha* en que llegan los paramédicos para rescatar a Marla Singer de su intento de suicidio. Mientras Marla huye de la escena, les dice a sus salvadores que no se molesten y se define como un desperdicio humano, infeccioso e irredimible. En la obra de teatro *De repente, el último verano*, el personaje Catherine Holly dice: «De repente, el último invierno empecé a escribir mi diario en tercera persona...». En cualquier caso, el cambio a la tercera persona implica odio a uno mismo o disociación o ambas cosas.

Así pues, si fueras alumno mío, te diría que establecieras autoridad emocional describiendo a un personaje imperfecto que comete una equivocación.

POSTAL DE LA GIRA

Lo de los brazos empezó por los tatuajes. Los que se hacían los lectores. En mis primeras giras promocionales, la gente me pedía que les firmara autógrafos en los brazos o en las piernas. Al cabo de un año me los volvía a encontrar. Otro libro, otra gira, y me enseñaban mi firma plasmada de forma permanente en su piel.

¿Mi solución? Pedirlos al por mayor. Brazos, piernas, manos, pies. Cajas y más cajas de cartón producidas en fábricas con mano de obra esclava de China. Traídas a tiempo en contenedores marítimos. Un cargamento bien fresco, recién descargado, si se me permite el chiste. Hablamos de falsos pero muy realistas brazos cortados, con sangre gelatinosa y un muñón amarillento de hueso partido donde correspondía. Piel ictérica. Luego me tocaba transportarlos de la oficina postal a casa con mi camioneta Toyota Tacoma, un trayecto bastante largo y lleno de curvas por una autopista de dos carriles que discurre entre bosques. Una vez, en mi primer trayecto, no se me ocurrió atar los montones de cajas. A casi cuatro kilómetros de mi casa, una caja desapareció del retrovisor, seguida de otra. Cuando encontré un sitio donde parar, miré en dirección a las cajas rotas que habían quedado atrás. La autopista estaba cubierta de extremidades ensangrentadas. Coches y camiones hasta donde alcanzaba la vista. Nadie hizo sonar siquiera la bocina, tan estupefactos se quedaron al verme correr de un lado a otro, tirando brazos y piernas sanguinolentos al arcén de la carretera.

El conductor de un camión maderero, que fue el último vehículo en pasar lentamente cuando terminé de despejar el camino, me miró desde la ventanilla de su cabina y me dijo:

–La primera caja la has perdido hace seis kilómetros.

Encontré la mayor parte. Está claro que hubo unos cuantos que debí de tirar demasiado lejos, y sus dedos rosados siguen escondidos entre los helechos, esperando a que algún excursionista los descubra.

No fue intencionado, pero tampoco es para reír: en aquellos bosques ya habían dejado a sus víctimas los asesinos de Green River y de Forest Park.

La mayor parte de las extremidades que llegaron a mi casa las autografié con un grueso rotulador permanente, sentado al sol en mi porche. Uno de esos rotuladores cuya tinta no conviene pasarse horas inhalando dentro de casa, y lo mismo digo para el olor a goma de los brazos.

Luego me los llevaba a la tienda de UPS desde donde los enviaban a todas las librerías de mi siguiente gira. Así, al final de cada evento podía pedir un aplauso desde el escenario para el personal de la librería. Y siempre respondía a los aplausos con la misma frase final: «Como nos habéis echado una mano tan grande, os queremos devolver el favor…».

Y entonces se oía la exclamación ahogada de los centenares de espectadores cuando vaciábamos los cajones de brazos y piernas autografiados y los lanzábamos como si fueran carne roja para que los lectores saltaran y los atraparan.

Era mi respuesta a la gente que quería mi nombre en el brazo o en la pierna. Nada de tatuajes. En Ann Arbor un hombre se levantó la pernera del pantalón para enseñarme mi firma grabada en su pierna con un cúter, pero era un tipo agradable, no el maníaco que podría parecer.

Cada gira era una máquina bien engrasada. Cada gira era otro contenedor naval procedente de China. Y en cada ciudad: «Como nos habéis echado una mano tan grande…».

Hasta un año en Miami en que el evento promocional se celebraba en un escenario del muelle propiedad de la

Shake-A-Leg Foundation. Cosa que yo no sabía. ¿Cómo iba a saberlo? Y después de tirar cientos de piernas cortadas al público me presentaron al creador de la fundación, que resultó ser un apuesto hombre, Harry Horgan, que se había quedado paralítico por un accidente de coche. ¿Qué pude hacer, más que disculparme?

No lo había hecho con ánimo de ofender. El hombre lo entendió.

Desastre evitado. He adquirido mucha práctica en disculparme.

Ese fue el único percance al este del río Misisipi. Al oeste, ya es otra historia. Todas las paradas de mi gira por el oeste del país estaban programadas, por accidente, justo un día después de que pasara por allí otro escritor, un hombre llamado Aron Ralston. Pese a que yo lo había etiquetado todo con la frase NO ABRIR ANTES DEL EVENTO PROMOCIONAL DE PALAHNIUK, la mayor parte de las tiendas tenían curiosidad y abrían las cajas antes. Aquel montón de cajas misteriosas y malolientes. Encontraban todos los brazos y piernas cortados y pensaban: «Es la promoción de un libro con el peor gusto que hemos visto jamás».

Y, negándose a leer mis etiquetas, los libreros recibían a Aron y le decían: «Le gustará saber que sus brazos cortados han llegado bien». Aron Ralston, autor de *127 horas: cada segundo cuenta*, el libro que se convertiría en la película del mismo título de James Franco. Sí, *ese Aron Ralston*. El mismo que se vio obligado a cortarse el brazo durante una expedición a pie. Y que ahora se veía obligado a decirles cortésmente a los empleados de la librería que tenían que leer lo que ponía en las cajas y que los brazos eran para la presentación de Chuck Palahniuk de la noche siguiente.

No es broma: en muchas otras librerías la gente había hecho la misma asociación de ideas. Y esos mismos libreros habían dado por sentado que yo sabía que mis eventos venían después de los de Aron y que era un bromista degenerado que había planeado aquello para acosar a aquel otro autor, para dar rienda suelta a mi atroz sentido del humor.

Cuando en realidad ya llevaba años haciendo aquello. Solo para intentar disuadir humorísticamente a cierta gente de que se hicieran un tatuaje. No es que yo sea realmente un cretino sin tacto, aunque quizá debería empezar a pensarme mejor las cosas.

TENSIÓN

En la vida real, a los escritores se nos da fatal lidiar con la tensión. Evitamos los conflictos. Somos escritores porque nos gusta lidiar con las cosas *a distancia*. Pese a todo, escribir nos proporciona una manera de tocar el tema. Al escribir, creamos nosotros la tensión. La gestionamos y la resolvemos. En calidad de escritores, podemos ser los matones. Si alguien pilla cáncer, es porque se lo hemos dado nosotros. Nuestro trabajo es desafiar al lector y enfrentarnos a él, pero no podremos hacer nada de eso si le tenemos tanta aversión a la tensión que no somos capaces de crear intriga y conflicto.

Como decía Ira Levin, «La mejor narrativa no se consigue a base de soluciones ingeniosas, sino de grandes problemas». [«Great problems, not clever solutions, make great fiction»].

Esto implica ser capaz de tolerar las cosas incompletas. Da igual que sean un primer borrador inacabado o los acontecimientos que afrontan los personajes. En relación con los borradores inacabados, Tom Spanbauer solía decir: «Cuanto más tiempo puedas pasar con algo sin resolver, más maravillosa será la resolución».

A muchos escritores les resulta más difícil atormentar a sus personajes de lo que podría parecer. Es posible que los escritores que vienen de un pasado de malos tratos o inseguridad nunca consigan hacer despegar la trama. He visto a muchos personajes beber infusiones para los nervios mientras acarician a un gato y contemplan la lluvia por la ventana. Y he visto a muchos otros hacer esgrima verbal e intercambiar unas puyas

Ira Levin

que nunca se elevan por encima de lo meramente ingenioso. Para crear, sostener e incrementar el caos hace falta práctica, y también confianza en que lo vas a poder resolver.

Plantéate cómo el espectáculo de cabaret tradicional alterna a chicas ligeras de ropa con humoristas. El sexo crea tensión. Las risas la interrumpen. Así pues, el programa de esos espectáculos mantiene feliz al público a base de excitarlo primero y a continuación liberar tensión con la risa. Asimismo, las revistas de chicas en cueros son famosas por su fórmula de mezclar desnudos con tiras cómicas lúbricas. Una vez más, un elemento crea la tensión y el otro la aligera.

Si fueras alumno mío, te diría que entiendo que te incomode la tensión. Pero escribir narrativa te permite experimentar de forma controlada con la escalada de los conflictos. Escribir narrativa te ayuda a lidiar con la tensión y el conflicto en tu vida real.

TENSIÓN: EL EJE VERTICAL DEL RELATO CONTRA EL HORIZONTAL

Fue un anuncio de televisión de las marisquerías Skipper's Seafood lo que me desbloqueó.

En su taller, Tom Spanbauer siempre nos aleccionaba sobre el eje horizontal y el vertical de los relatos. El horizontal se refiere a la sucesión de nudos de la trama: la pareja Woodhouse se muda a un apartamento nuevo, Rosemary conoce a una vecina, una noche la vecina se tira por una ventana… etcétera. El eje vertical se refiere al incremento de la tensión emocional, física o psicológica a lo largo del relato. A medida que avanza la trama, también debe intensificarse la tensión. Sin lo vertical, el relato degenera en un simple «y entonces, y entonces, y entonces».

Una manera que tiene la escritura minimalista de crear lo vertical de forma efectiva es limitar los elementos que entran en la historia. Introducir cada elemento, por ejemplo un personaje o un escenario nuevo, requiere lenguaje descriptivo. Lenguaje pasivo. A base de introducir una serie limitada de elementos, y de hacerlo pronto, el escritor minimalista es libre para hacer avanzar la trama de forma agresiva. Y ese número limitado de elementos –personajes, objetos, escenarios– acumula sentido e importancia a medida que se van usando una y otra vez.

Tom usaba una analogía que le había enseñado su instructor, Gordon Lish. Tom llamaba a los temas de un relato «los caballos». Por ejemplo, le preguntaba a un alumno: «¿Cuáles son los caballos de este texto?». De acuerdo con su analogía, si estabas emigrando de Wisconsin a California en carromato, llegarías a Stockton con el mismo tiro de caballos con el que habías partido de Madison. También hacía la comparación con una sinfonía: daba igual lo elaborada que se volviera la partitura, la melodía central original siempre estaba presente.

Yo debía de ser corto de luces, porque no lo entendía. Hasta que una noche después del taller volví a casa y encendí el televisor. Un anuncio mostraba una vista exterior de un restaurante de la cadena Skipper's Seafood. Luego pasaba a un plano de una gente sonriente comiendo pescado, y en primer plano sobre la mesa se veían los vasos de refresco con el logo de Skipper's. Delgados y sonrientes, los clientes se limpiaban las atractivas caras usando servilletas con el logo de Skipper's. Luego la imagen daba paso a un sonriente empleado que llevaba un gorro y un delantal con el logo de Skipper's... luego más envases de Skipper's... pescado frito humeante... todo era Skipper's, Skipper's, Skipper's.

El anuncio nunca mostraba nada del estilo de una rosa roja o un caballo corriendo por la playa. Era el mismo mensaje repetido de todas las formas distintas que habían podido imaginar.

Lo entendí. Eso era minimalismo. El eje horizontal del anuncio contaba la historia de una familia que salía a comer. El eje vertical te iba acercando más y más a su felicidad y a la comida, involucrando rápidamente a tus emociones y tu apetito.

Así pues, si fueras alumno mío te diría que limitaras el número de elementos que usas y te aseguraras de que cada uno representa a uno de los caballos de los que trata tu historia. Que encontraras cien maneras de decir lo mismo.

Por ejemplo, el tema de mi libro *Asfixia* es «cosas que no son lo que parecen». Eso incluye los relojes que usan trinos de pájaros para dar las horas, los anuncios de megafonía en clave, el hombre que finge asfixiarse, el parque temático histórico y la falsa doctora «Paige».

Te diría que vieras anuncios de la televisión. ¿Ves que nunca te enseñan a una persona gorda en el Domino's o el Burger King? Y mira cómo intensifican lo vertical en solo treinta segundos.

TENSIÓN: EL RELOJ FRENTE A LA PISTOLA

Si tus relatos tienen tendencia a avanzar a trancas y barrancas, perder ímpetu y desinflarse, te pregunto «¿Cuál es tu reloj?» y «¿Dónde está tu pistola?».

Durante las giras promocionales por Alemania, conseguir que venga mucho público en Berlín siempre ha sido una pura ruleta. Puede pasar que el *rathaus* esté vacío cinco minutos antes de la hora de inicio del evento y de golpe… pum, llega todo el mundo en el último momento. Lo mismo pasa en Los Ángeles. En Berlín los organizadores siempre se encogen de hombros y te dicen «En Berlín seguimos muchos relojes», lo cual significa que la gente tiene muchas opciones y no se compromete con ninguna hasta el último momento.

En narrativa, el reloj del que estoy hablando es cualquier cosa que limite la longitud del relato, obligándolo a terminar en un momento dado. En muchos libros, por ejemplo, ese reloj es el embarazo. En *La semilla del diablo*, *Las uvas de la ira* y *Se acabó el pastel* sabemos que el reloj correrá durante aproximadamente nueve meses. Cuando nace el bebé, llega la hora de ir terminando. Se trata de un recurso natural y orgánico, y el personaje de la mujer embarazada también añade tensión por su vulnerabilidad y la del nonato. Hay mucho en juego.

Pero el reloj puede manifestarse de muchas formas. Si la memoria no me falla, en la película *La fiera de mi niña*, el reloj es el montaje de un esqueleto de dinosaurio. En mi novela *Superviviente*, contada a bordo de un avión comercial que termina quedándose sin combustible y estrellándose, el tiempo lo van marcando los cuatro motores, a medida que se van incendiando uno tras otro. Marcan respectivamente el final del primer acto, del segundo, del tercero y el final del libro. Mis amigos odiaban el hecho de que el número decreciente de páginas siempre delatara cuánto faltaba para el final del libro. Y como yo no podía cambiar ese aspecto de los libros, decidí acentuarlo. A base de numerar las páginas del revés, las convertí en otro reloj, aumentando la tensión a base de exagerar la sensación de paso del tiempo.

No todos los relojes funcionan como cuentas atrás. Algunos se limitan a señalar cambios. Mira, por ejemplo, la cintura de Scarlett O'Hara. Al inicio del libro le mide cuarenta y cuatro centímetros, la más fina en seis condados a la redonda. Con el tiempo, sin embargo, su cintura va creciendo y se va convirtiendo en el método para medir el tiempo.

Un reloj puede abarcar un libro entero o una sola escena. ¿Te acuerdas de mi novela *Snuff* y de la muñeca sexual que va perdiendo aire lentamente? Pues eso es un reloj. Una especie de reloj de arena lleno de aire. En el momento en que la muñeca se convierte en un fantasma desinflado y rosado… se acaba el tiempo.

En la película *Se7en*, el reloj son siete días. En la película *Session 9*, el reloj son cinco días. Son periodos de tiempo diseñados para incrementar la tensión a base de asegurarle al público que la historia no continuará de forma indefinida.

En otro orden de cosas, Billy Idol dio una entrevista donde comentaba que la mayor parte de la música punk sonaba igual. La típica canción punk comenzaba a todo gas, duraba dos minutos y medio y terminaba de golpe. Solo al oír aquello fui consciente de hasta qué punto influía en mi escritura la estética punk. Era la explicación de por qué mis mejores relatos empezaban con una detonación, duraban diez páginas como mucho y terminaban despeñándose por un barranco. En muchos sentidos, yo había interiorizado el reloj punk. Que es una forma tan rígida como un haiku.

En todos los relatos sobre el *Titanic*, el viaje es el reloj. A fin de dejárselo bien claro al público, hay relatos que colocan un boceto, a modo de sumario o introducción, al principio de la historia. En la película *Titanic*, por ejemplo, los oceanógrafos muestran un modelo informático del hundimiento del barco. Ofrecen una descripción paso a paso de lo que va a pasar. Eso sintetiza el eje horizontal de la trama, para que la audiencia no se distraiga intentando analizar esos inevitables acontecimientos. Asimismo, en la película *Ciudadano Kane* vemos la trama entera resumida en un noticiario que se emite al principio. El noticiario nos anuncia qué hemos de esperar y cuánto tiempo tardará en suceder. De esta forma, el espectador se distrae menos con lo que sucede a continuación. La mente analítica se relaja y el público se puede involucrar emocionalmente.

En la película *The Ring*, se nos dice: «Morirás dentro de siete días». Y la misteriosa cinta de vídeo nos proporciona un sumario de todo el proceso posterior de descubrimiento. A medida que la protagonista vive esos siete días, nos emociona ir reconociendo cada uno de los hitos visuales que nos han preparado para esperar. Los mismos sumarios previos entran en juego en las películas de Sam Raimi *Posesión infernal* y *Arrástrame al infierno*. Las películas de terror irónicas como *Scream* y *La cabaña en el bosque* usan relojes basados en los tropos de películas de terror previas.

Verás que en la narrativa se usa menos este tipo de introducción sintética, quizá porque es muy vaga y trivializa los acontecimientos. Si se usa bien, puede ser un buen gancho que atrape al lector con la promesa de lo que está por venir. Un ejemplo magnífico es *El hombre que se enamoró de la luna* de Spanbauer, que arranca con un niño haciendo sus tareas matinales mientras la trama posterior es resumida por medio de alusiones breves. Otro ejemplo es mi libro *Rant*, en cuya obertura un personaje hace un sumario de la trama entera en forma de explicación ridícula de cómo cumplir con los requisitos para conseguir un billete de avión con tarifa reducida «por muerte de un ser querido».

Un buen reloj limita el tiempo y de esa forma incrementa la tensión. Y nos dice qué podemos esperar, liberando nuestra mente para que disfrutemos de las emociones de la historia.

La pistola funciona de otra manera. El reloj está programado para correr durante un periodo específico de tiempo, pero la pistola la puedes sacar en cualquier momento para llevar el relato a un clímax. El recurso se llama «pistola» en honor a la directriz de Chéjov, que decía que, si un personaje guarda una pistola en un cajón en el primer acto, la tiene que volver a sacar en el acto final.

Un ejemplo clásico es el horno que no funciona de *El resplandor*. Hacia el principio ya se nos anuncia que va a explotar. El relato podría avanzar con dificultades hasta la primavera, si no fuera por el hecho de que... el horno explota.

En *El club de la lucha* y *Asfixia*, la pistola es la mentira que alguien cuenta para ganarse la simpatía de un grupo de gente afín. Los grupos de apoyo para gente con enfermedades o bien los que practican la maniobra de Heimlich. Cuando quise que la historia se viniera abajo, solo tuve que desenmascarar la mentira del protagonista y permitir que su comunidad lo redimiera o bien lo destruyera.

Mientras que el reloj es algo obvio y que se nos recuerda de forma constante, la pistola es algo que presentas y escondes al principio, confiando en que tu público se olvide de ella. Cuando por fin la revelas, quieres que la pistola resulte al mismo tiempo sorprendente e inevitable. Como la muerte, o como el orgasmo que llega al final del acto sexual.

Otra pistola americana perfecta... En *Desayuno en Tiffany's*, la pistola es Sally Tomato, el gángster encarcelado al que conocemos al principio y de quien nos olvidamos enseguida. Pasan páginas y más páginas sin mencionarlo para nada. Por fin la historia se ve abocada al caos cuando la protagonista es detenida y acusada de ser cómplice de ese rey del crimen organizado. En menor medida, la historia incluye las dos muertes de rigor. Primero el hermano de Golightly, Fred, que muere en accidente de jeep. Y después el aborto espontáneo de su hijo nonato a raíz de un accidente con un caballo que se ha escapado en Central Park.

Plantéate también que el Sacrificio del Segundo Acto es una forma de pistola. Es la muerte inevitable de un personaje secundario lo que marca la transición de la comedia al drama. Es la muerte de Bob en *El club de la lucha*. Es el aborto de *Cabaret* o la muerte del mejor amigo de la protagonista, Hutch, en *La semilla del diablo*.

En *Danzad, danzad, malditos*, el reloj es el número cada vez menor de competidores que quedan en la maratón de baile. La pistola es el ataque al corazón de Red Buttons, que desencadena el colapso mental de Susannah York y hace que el relato descienda rápidamente al caos. Para que conste en acta, Buttons es el clásico personaje buen tipo, militar de carrera, todavía con su uniforme de la marina, y su muerte es más o menos autoinfligida. Suicidio, en cierta manera. Jane Fonda, en cambio, es la rebelde a quien hay que ejecutar. Como sucede en *Alguien voló sobre el nido del cuco*, el testigo es también el verdugo, que cuenta la historia en forma de anticipaciones poco usuales que no se entienden hasta el final de la historia.

Pero espera. Me estoy adelantando a los acontecimientos. Ya retomaremos los conceptos del buen tipo, el rebelde y el testigo.

De momento, si acudieras a mí y me dijeras que tu novela se está acercando a las ochocientas páginas y todavía no da señales de ir a terminar, te preguntaría: «¿Cuál es tu reloj?». Y te preguntaría: «¿Has plantado una pistola?».

Te diría que mataras a tu Red Buttons o a tu Bob y que llevaras tu mundo de ficción a un clímax embrollado, ruidoso y caótico.

TENSIÓN: USA CONJUNCIONES POCO CONVENCIONALES

Plantéate cómo cuenta una historia un niño emocionado. Las frases salen en tropel, una tras otra, sin apenas pausas claras. ¡Qué ímpetu! Es casi como la música, casi igual, como una canción.

Ese entusiasmo se puede imitar usando conjunciones poco convencionales para enlazar frases mal construidas. De acuerdo, se puede ir repitiendo el uso de «y»; yo lo hago en mi relato «Romance». Pero hay infinitas pseudoconjunciones esperando a que las inventes.

En mi relato «Cosas de adultos», elijo usar las expresiones «venga sí», «venga ya», «venga pues» y «venga vamos» para imitar el sonido de las baterías electrónicas de la música New Wave de la década de 1980. Y más concretamente del tema de Psychedelic Furs «Heartbreak Beat». Mientras las frases interminables avanzan a trompicones, oyes el ritmo constante y regular del «venga *tal*» marcando el tempo.

Asimismo, en el relato «Papá siempre» introduzco la palabra «Papá» solo para interrumpir frases. Obligo a la palabra a convertirse en una forma de onomatopeya, como «bang» o «pum». La palabra se convierte en la percusión rítmica del relato, aumentando su frecuencia para simular la forma en que las canciones suben de ritmo, y también sugiriendo –o eso espero– la forma en que los niños llaman sin parar a un padre o una madre ausentes.

Cada relato es un experimento.

En el relato «A ver qué pasa», creo una sucesión cada vez más impetuosa de frases mal construidas a base de usar las palabras «ahora», «luego» y «siempre» para enlazar cláusulas regidas por verbos. El efecto es agotador, de forma que me aseguro de alternar esos pasajes mal construidos e infatigables con frases de construcción más convencional.

En el relato «Perdedor», quería basarme en frases que parecieran contradecirse a sí mismas a mitad de camino. Por ejemplo: «La caja parece roja, pero es azul». O bien: «Sally agarra un palo, pero es una serpiente muerta». A base de usar todo el tiempo las palabras «pero», «aunque» y «sino», consigo crear una sensación de ritmo y de absurdo, haciendo declaraciones constantes y contradiciéndolas en la misma frase.

Así pues, si fueras alumno mío, te animaría a que montaras tu historia igual que hace un montador de cine con las películas. Para eso, puedes usar un estribillo que se repita: «La primera regla del club de la lucha es que no se habla de...». O bien: «Perdón, mamá. Perdón, Dios». Ese estribillo le servirá al lector de piedra de toque que le indique que estamos a punto de pasar a otra cosa.

O bien puedes dejar que fluya la acción y aumentar el ímpetu o la energía usando una serie continua de conjunciones inusuales.

Si fueras alumno mío, te diría que escucharas a un niño. Escucha a alguien a quien le da tanto miedo que lo interrumpan que ha desarrollado trucos para acaparar sin trabas la atención de su oyente. De acuerdo, quizá sus historias sean aburridas, pero podrás aprender algunos trucos naturales para mantener tu narrativa en marcha, a todo gas e imparable.

TENSIÓN: RECICLA LOS OBJETOS

Si fueras alumno mío, te diría que reciclaras los objetos. Esto significa ir sacando y guardando el mismo objeto durante toda la historia. Cada vez que reaparezca, el objeto estará investido de un significado nuevo y reforzado. Cada reaparición marcará una evolución de los personajes.

Quizá la mejor forma de explicarlo sea con ejemplos.

Piensa en el anillo de diamantes de la novela *Se acabó el pastel* de Nora Ephron. Lo vemos por primera vez mientras la narradora va en metro por Nueva York, de camino a su sesión de terapia de grupo. Un desconocido le guiña el ojo. Ella tiene miedo de que sea un atracador, así que le da la vuelta al anillo para que parezca un simple anillo de oro. Luego se lo quita del dedo y se lo guarda en el sujetador. Al llegar a la terapia, se da cuenta de que el atracador la ha seguido. El tipo saca una pistola y roba a todos los miembros del grupo; por fin la apunta a ella en el pecho y le exige el anillo. La policía hace su informe y nos olvidamos del anillo.

El anillo reaparece en un flashback. Fue su marido quien se lo regaló al dar a luz a su primer hijo. La criatura casi murió durante el parto, de manera que dentro de la familia el anillo simboliza el momento álgido de su amor. Es aquí donde se describe el anillo con mayor detalle, como un enorme copo de nieve investido de un brillo y un valor increíbles.

En un punto muy posterior de la novela, después de que pase un sinfín de cosas, la policía la llama para decirle que han encontrado al ladrón y recuperado la joya. La narradora lo reclama y descubre que falta uno de los diamantes; es un mal presagio, comenta. Lo lleva al joyero que se lo vendió a su marido y el joyero se maravilla de su belleza. Sin pensarlo, el hombre le dice que se lo compraría otra vez por un buen precio. De forma impulsiva, ella se lo vende por quince mil dólares, que es la cantidad que necesita para escapar de su matrimonio fracasado. Una vez más, el anillo aparece y desaparece, aparece y desaparece, aparece y desaparece, y cada vez sirve a un propósito nuevo en la trama.

A eso lo llamo reciclar un objeto en una historia. Al lector le encanta reconocer algo que ya daba por perdido. Y como el objeto no es un personaje y no puede tener ninguna reacción emocional, el lector se ve obligado a expresar las emociones asociadas a él.

Otro buen ejemplo es el anillo de *Desayuno en Tiffany's*. Aparece como algo carente de valor, un simple juguete que viene en una caja de Cracker Jack. El exmarido de la protagonista se lo regala a su futuro pretendiente y el anillo desaparece. En cuanto el pretendiente empieza a salir con la señorita Holly Golightly, el anillo reaparece como objeto que le pueden grabar en Tiffany's. Desaparece en manos del joyero y solo reaparece en el momento de mayor crisis. Por fin el pretendiente lo saca –ya grabado– y se lo ofrece a Holly. Le va perfecto. En la película, se enamoran. En la novela, Golightly acepta el anillo pero este se pierde.

Piensa también en la pitillera de oro de *Cabaret*. Se la ofrece el hombre rico al hombre pobre, es rechazada y desaparece. Reaparece cuando se cae de los pantalones del hombre rico y es aceptada con vacilaciones. Nota: cada vez que a un hombre se le cae algo de los pantalones, ¿sabes lo que eso simboliza? Por supuesto, el hombre pobre es seducido por el hombre rico. La última vez que vemos la pitillera, el hombre pobre le está encendiendo servicialmente el cigarrillo al rico. Nota: en una acción paralela, el hombre rico le ha regalado un abrigo de pieles a una mujer, que se lo vende para pagarse un aborto. Es una lástima que el encendedor todavía no haya recibido un uso igualmente importante.

Piensa ahora en el perro de *El Hotel New Hampshire*, Sorrow. Primero se muere. Lo diseca un taxidermista. Se cae de un avión que explota. Termina en una playa. Lo encuentra alguien y lo seca con un secador de pelo. Estropea un encuentro sexual. Lo esconden y termina siendo encontrando y provocando un ataque al corazón.

El nombre del perro en sí ya suscita uno de los estribillos más importantes del libro: «Sorrow flota».

Por último, acuérdate de las cortinas de terciopelo verde de *Lo que el viento se llevó*. Los cortinajes de la señorita Ellen son un símbolo de estatus social y también de la matriarca misma. Después de que la familia caiga en desgracia, y una vez muerta la señorita Ellen, su hija descuelga las cortinas y las sacrifica para hacer un vestido que ayude a la familia a conservar su gran fuente de poder, sus tierras. Uno de los símbolos evoluciona para convertirse en otro.

Un aparte: haciendo un análisis forense de la época, el verde era un color popular por entonces, el verde intenso, porque las habitaciones con decoración de color verde esmeralda casi nunca albergaban moscas, pulgas, arañas ni alimañas de ninguna otra clase. Por alguna razón milagrosa, podías dejar las ventanas abiertas y al parecer las cortinas verdes ahuyentaban a los mosquitos. Las familias como los O'Hara podían pasar el rato en sus santuarios de color verde intenso sin que los molestaran los insectos que transmitían la fiebre amarilla. Por entonces no se sabía que los tintes de color verde esmeralda, o «verde París», contenían cantidades enormes de arsénico. Cuanto más intenso era el color, más tóxica era la tela. Hasta la mitad del peso del terciopelo podía ser arsénico, con lo cual tres kilos de vestido de Scarlett O'Hara podían contener un kilo y medio de arsénico disuelto.

Cortinajes verdes, papel de pared, tapicería y alfombras mataban a todo bicho que se acercara. La gente que vivía en aquellas habitaciones desarrollaba esa apariencia pálida y lánguida que tanto valoraban los victorianos como signo de estatus. Ahora imagínate a Scarlett alejándose con pasos tambaleantes para seducir a Rhett, con el vestido impregnado de veneno y la cara palideciendo por momentos. Después de ser rechazada, encandila a Frank Kennedy y la pilla un chaparrón en Atlanta. Empapada y cubierta de arsénico como va, la menor de sus preocupaciones debería ser pagar los impuestos de Tara. No es que no tenga escrúpulos, es que es una víctima andante del síndrome del edificio enfermo. Estas conexiones causales funcionan como pequeñas recompensas, proporcionando diversión y alivio al lector.

Esta estrategia requiere transformar un objeto –las cortinas, el vestido, el sudario de veneno que altera la mente– en un sentido posmoderno o metanarrativo, pero si eres capaz de hacerlo, hazlo.

A mi manera humilde, también yo transformo la grasa de la liposucción de *El club de la lucha* en jabón que se puede vender para recaudar fondos para el movimiento. Luego termina siendo nitroglicerina que los personajes usan para derribar edificios.

Así pues, querido alumno, la lección de hoy es que recicles los objetos. Los vas sacando y escondiendo. Y cada vez que los vuelvas a sacar, haz que tengan una carga mayor de significado y emoción. Recíclalos. Y, al final, dales la resolución que merecen.

TENSIÓN: EVITA LOS DIÁLOGOS ESTILO PARTIDO DE TENIS

Si fueras alumno mío, te diría que fueras ingenioso en otros aspectos, pero no al escribir. No eres Noel Coward. El ingenio es una modalidad de ocultamiento. Nunca hará llorar a tu público. Muy raras veces hace reír a los lectores con carcajadas genuinas, y jamás le rompe el corazón a nadie.

Así pues, evita los diálogos estilo partido de tenis. Esos diálogos en que un personaje dice algo y otro le contesta con la puya perfecta. Como los diálogos de las comedias de situación. Las réplicas mordaces. Las contrarréplicas perfectas. Preparativo y culminación. Gratificación instantánea.

La tensión se resuelve nada más crearse. De forma que nunca se acumula. Los niveles de energía son planos. Por ejemplo:

Wendy le echó un vistazo.

–¿Tienes herpes?

Brandon apartó la vista. Lentamente, se giró para mirarla a los ojos.

–Pues sí.

Pregunta contestada. Conflicto resuelto. La energía regresa a un cero enorme y tedioso.

En cambio, si fueras alumno mío, te diría que nunca resuelvas una cuestión sin antes presentar otra de mayor envergadura.

Por ejemplo:

Wendy le echó un vistazo.

–¿Tienes herpes?

Brandon apartó la vista. Lentamente, se giró para mirarla a los ojos.

–He comprado esas tarjetas de comensales que querías.

O bien:

–Wendy, cariño, tú sabes que nunca te haría daño.

O bien:

–¡Carajo! ¡Deberías oírte a ti misma, en serio!

O bien:

–Esa Megan Whitney es una mentirosa.

A lo que Wendy responde:

–¿Quién es Megan Whitney?

A lo que Brandon responde:

–He comprado esas tarjetas de comensales que querías.

Ten siempre en cuenta nuestra tendencia a evitar los conflictos (somos escritores) y también a hacer trampas y usar los diálogos para hacer avanzar la trama (pecado mortal). Así pues, para hacer lo primero y evitar lo segundo, usa diálogos evasivos o malentendidos que nunca dejen de subir la tensión. Evita las voleas de diálogo que resuelvan la tensión demasiado deprisa.

Una vez más, no soy yo quien te está diciendo esto. Ursula Le Guin me dio una vez un consejo, sentados los dos en un rincón tranquilo de un auditorio de la Portland State University. Los dos participábamos en un evento del programa editorial universitario Ooligan. Yo le había contado al público la historia del día en que me llevé a una mujer –una entrevistadora de la edición italiana de *Vogue*– a un parque de atracciones. Antes de entrar, le había dado a la periodista en cuestión un puñado enorme de globos de mylar. Una vez dentro del parque, ella los soltó y se alejaron volando. Luego retumbó una explosión. Las atracciones del parque se ralentizaron hasta detenerse, dejando a los niños atrapados en las alturas y chillando. Reinaba el caos, llovían chispas y los bomberos trajeron escaleras de mano para rescatar a la gente atrapada.

Resultó que los globos de mylar se habían enredado con el tendido de alta tensión que llevaba la electricidad al parque. Muy por encima de nosotros, el mylar crepitaba y se derretía, soltando goterones de plástico en llamas. Los empleados del parque no paraban de soltar improperios porque se habían quedado sin trabajo para el resto del día, y toda la comida en venta se iba a echar a perder. Nadie sabía que los globos los habíamos traído nosotros. La reportera y yo nos escabullimos sin ser descubiertos. Y nada más. El relato tenía aquel final insulso.

Cuando abandoné el escenario, Ursula me vino a buscar. No nos conocíamos de nada, pero quería ayudarme a pensar en un final mejor para la historia. Y mientras lo buscábamos me dijo: «Nunca resuelvas una amenaza hasta plantear otra mayor». [«Never resolve a threat until you raise a larger one»].

TENSIÓN: NO USES LOS DIÁLOGOS PARA HACER AVANZAR LA TRAMA

Piensa en esos telefilmes de bajo presupuesto donde el teniente entra corriendo en la sala de guerra y dice:

–¡Los marcianos han atravesado nuestro campo de fuerza y han empezado a destruir Nueva York con un rayo de calor!

¿Te sientes estafado? Yo sí. Por mucho que el teniente tenga el uniforme chamuscado por un rayo letal de calor, y que su cara sea una máscara calcinada y con los huesos a la vista, y que caiga muerto justo después de hacer su anuncio a gritos… antes quiero ver una maqueta de Manhattan siendo aplastado e incendiado.

Ursula K. Le Guin

Cualquier nudo de trama que valga la pena incluir en tu historia, vale la pena describirlo con una escena. No lo pongas en forma de diálogo. No eres Shakespeare, que estaba limitado al escenario del Globe Theatre y a la resistencia de las piernas de los espectadores que estaban de pie. Tienes el presupuesto y el tiempo necesarios.

Incluso en una película por lo demás buena como *Chinatown*, donde se permite que el proceso de la investigación vaya revelando de forma meticulosa y paciente cómo se está robando el agua de Los Ángeles, la mayor revelación de la trama se hace por medio del diálogo. La hija de Evelyn Mulwray es fruto del incesto. De acuerdo: sería mil veces más siniestro que usáramos un proceso investigativo para sacar a la luz *esa* revelación: especulando primero sobre quién es el padre de la criatura, localizando después el certificado de nacimiento, escuchando los rumores de los antiguos criados, explorando por qué Evelyn no tiene madre… Hazte la pregunta: ¿qué sería más dramático? ¿La historia del reparto del agua en el sur de California? ¿O el emotivo descubrimiento de que una hija ha tenido relaciones sexuales con su padre y la amenaza de abusos sexuales de un abuelo a una nieta?

Suena duro, pero te prohíbo que hagas avanzar la trama con diálogo. Es lo más barato y perezoso que hay.

Hace años, Tom empezó una sesión de su taller contando una lectura pública que había hecho unos días atrás. Le habían pedido que leyera junto con un escritor muy joven, prácticamente adolescente, que en aquellos momentos estaba escribiendo una novela titulada *After Nirvana*. La novela describía cómo unos chaperos adolescentes vendían su cuerpo para comprar drogas. Tom nos contó con admiración que el escritor, Lee Williams, se había puesto a leer una escena de sexo ambientada en una librería pornográfica. Tom se había quedado alucinado, preguntándose: «¿De verdad lo va a hacer? ¿De verdad se va a poner a describir cómo el chaval le hace una mamada al viejo?».

Y Williams lo hizo. No redirigió la situación a nada más seguro, como por ejemplo que al narrador lo distrajera el recuerdo reconfortante de aquel perrito caliente tan bueno que se había comido un 4 de julio. Ni tampoco dio el salto a una escena del futuro para contar el acto sexual por medio de diálogos ni de elegantes fragmentos de recuerdos. Nada de eso; sacó a la luz todos los detalles y se los leyó al público. Tom lo admiraba por tener el valor de escribir aquellas cosas tan duras. Y de leerlas. Y si fueras alumno mío, te diría que ese es tu trabajo.

Citando a Joy Williams: «No se escribe para hacer amigos» [«You don't write to make friends»].

Cuando leo en una presentación el relato «Tripas», no me estoy labrando precisamente una imagen de ídolo luminoso y resplandeciente. En muchos sentidos es un acto de suicidio público. Pero la buena escritura no busca dar buena imagen al autor.

Así pues, desgrana lo importante. No transmitas la información relevante por medio de diálogos.

TENSIÓN: NO DECLARES TUS TESIS

Imagínate a un o una stripper que se sube al escenario, se quita la ropa interior y dice: «Estas son mis partes íntimas. ¿alguna pregunta?».

Da igual que sea Channing Tatum o Jenna Jameson, vas a sentir que te ha tomado el pelo. En calidad de lectores o de entusiastas del baile exótico, queremos tensión. Queremos un proceso de descubrimiento gradual. El resultado es más o menos predecible: genitales. De manera que queremos una excitación y una interacción graduales.

Es un error común revelarlo todo en la primera frase:

> Lilla llegó unos minutos tarde al baile del granero, pero justo a tiempo de ver a Reynolds besar a Dawn Taylor.

Joy Williams

Vale, hay una pizca de tensión. ¿Quién va a hacer qué a continuación? Pero todo está tan resumido que el lector no ha tenido el placer de descubrir nada. El desenlace ya está en la primera frase. No sabemos qué aspecto tiene el granero, ni a qué huele. No tenemos ni idea de cómo se siente Lilla, de si le hacen daño los zapatos o si lleva todo el día haciendo de camarera. Simplemente se nos deja caer –bam– en medio de la acción.

El sumario puede funcionar en la comedia, donde la negación constante del drama crea humor. Pero incluso los mejores chistes se basan en crear tensión y después resolverla de golpe. A veces tienen un largo preámbulo lleno de inversiones de poder; por ejemplo:

> Llega un ejecutivo a su hotel y se registra en su habitación. Abre el minibar, se sirve un whisky y marca el número de un servicio de escorts. Cuando una voz empieza a decir «Hola», la interrumpe. A toda prisa, antes de que le fallen las agallas, dice en tono imperioso: «Escucha. Necesito que me mandéis al semental más grande y negro que tengáis y al friki más blancucho y esmirriado que tengáis. Quiero ver cómo el negro se folla al blanco y después cómo el blanco se folla al negro. Y después quiero follármelos a los dos. ¿Los tenéis? ¿Me los podéis mandar?». Hay una pausa, y una voz cortés y que le resulta familiar contesta: «Señor, ha llamado usted a recepción. Para las líneas externas tiene que marcar el nueve…».

Un largo preámbulo. La trama desglosada en acciones simples. El hombre que tiene el poder pide un despliegue de poder. Luego pide una inversión de ese poder. A continuación, planea imponerse a todos. Y por fin es humillado y despojado de cualquier poder. Así pues, incluso el humor necesita crear tensión para intensificar sus efectos.

Plantéate la posibilidad de que cada frase suscite un pequeño interrogante. Y a medida que se resuelven esos pequeños interrogantes, van suscitando preguntas más profundas. Una bailarina se quita los guantes blancos. El hombre se quita la corbata. Ella se empieza a bajar la cremallera del vestido. Él se quita la chaqueta del esmoquin.

Un buen arranque crea un interrogante y promete responderlo, pero a su debido tiempo. Piensa en la primera frase de *Lo que el viento se llevó*. «Scarlett O'Hara no era hermosa, pero los hombres casi nunca se daban cuenta cuando quedaban atrapados por sus encantos...».

Te hace preguntarte al instante: «¿Por qué?». Quedas enganchado.

TENSIÓN: NADA DE SUEÑOS

Tal como explicaba Tom, Gordon Lish prohibía describir sueños en la narrativa. Su idea, tal como la entendí, era que las secuencias oníricas hacen trampa. La realidad puede ser igual de surrealista. Mira cualquier relato de Nathanael West.

Por arbitrario que pueda parecer, nadie quiere oír lo que soñaste anoche. Ni siquiera Carl Jung, a menos que le pagues ciento cincuenta dólares la hora, y aun entonces su interés será fingido. Los sueños son falsos, y las falsedades no crean tensión. La narrativa ya es una falsedad, de manera que no necesitas diluirla con cosas todavía más falsas.

Recuerda que has sido tú quien ha acudido a mí. Me has pedido consejos sobre escritura, y te estoy transmitiendo lo que me enseñaron: nada de sueños.

TENSIÓN: EVITAR FORMAS DE «ES» Y «TIENE» Y LOS VERBOS DE PENSAMIENTO

De acuerdo con otro artículo recortado de la revista *Scientific American* que me envió un lector, un estudio demostraba que la gente reacciona de forma distinta a los distintos tipos de verbos.

Cuando leen un verbo activo y físico como «caminar», «patear» o «agarró», el verbo activa la parte del cerebro responsable de ese movimiento. El cerebro responde como si el lector también estuviera dando una brazada en la piscina o estornudando.

En cambio, cuando lees cualquier forma de «es» o «tiene» no se genera ninguna actividad equivalente en el cerebro. Lo mismo pasa con los verbos abstractos como «creer», «amar» o «recordar». No hay reflejo cognitivo simpático, o como se diga.

Así pues, «Arlene estaba en la puerta. Tenía el pelo largo y castaño y una expresión de sorpresa y asombro en la cara. Era más alta de lo que él recordaba…» es menos atractivo que «Arlene entró en su campo visual, enmarcada por la puerta abierta. Con una mano enguantada se apartó de la cara el pelo largo y castaño. Sus cejas delineadas se arquearon para transmitir sorpresa…».

Con eso en mente, te diría que evites «es» y «tiene» en cualquiera de sus formas. Y que, en vez de usar verbos abstractos, crees las circunstancias que permitan que sea tu lector el que recuerde, el que crea y el que ame. No puedes dictar las emociones. Tu trabajo es crear situaciones que generen en tu lector las emociones deseadas.

TENSIÓN: EL VIAJE POR CARRETERA DEL SEGUNDO ACTO

En cuanto has agotado los escenarios estándar, plantéate reunir a tus personajes y mandarlos al ancho mundo para darles una perspectiva nueva.

El viaje por carretera al final del segundo acto funciona. Mira *El gran Gatbsy*. Casi todos los personajes principales se meten arbitrariamente en coches y viajan a Manhattan, donde tiene lugar el gran desenlace emocional, en una suite con la calefacción demasiado alta del Hotel Plaza. Myrtle no está presente, pero ve pasar los coches. Y esa escena tensa y alcohólica sirve muy bien de colofón a la primera cena en casa de Tom y Daisy, en la que Myrtle interviene por teléfono. Cuando el grupo regresa de su incursión al Plaza, Myrtle se tira delante del coche de Gatsby, desencadenando el caos del tercer acto.

En *Alguien voló sobre el nido del cuco*, los pacientes del manicomio se van a pescar en alta mar acompañados de dos prostitutas. Cuando vuelven, Billy Bibbit se acuesta con una de ellas y se suicida, desencadenando el caos del tercer acto.

En mi libro *El club de la lucha*, el narrador sale al mundo en busca de Tyler Durden, solo para descubrir que Durden es él. Esta verdad desencadena el suicidio/asesinato.

Así pues, una vez hayas establecido tus personajes y escenarios, deja que tu gente vislumbre el ancho mundo. Es una idea basada en Heidegger, más o menos, y en su idea de que no tiene sentido intentar escapar de tu *Dasein* o destino. El mundo en general sirve a los personajes de recordatorio de su pequeñez y su mortalidad, y los impulsa a emprender acciones desastrosas. Acuérdate del flashback final de *De repente, el último verano*. Sebastian pasa por fin a la acción, pero ya está condenado.

Quizá por esta razón la gente sueña con viajar mucho después de jubilarse. Porque ver el mundo y reconocer la propia insignificancia vuelve tolerable el hecho de volver a casa para morir.

TENSIÓN: EL ALIVIO COMO HUMOR O COMO PLACER

Si fueras alumno mío, te contaría un chiste. Te preguntaría: «¿Cómo se llama un negro que conduce un avión?».

Y a modo de respuesta te gritaría: «¡Se llama piloto, racista de mierda!».

Eso que consideramos humor viene del alivio rápido de la tensión. Primero crees que voy a decir algo lleno de odio.

Y luego no lo digo. De hecho, le doy la vuelta a la acusación y te la lanzo a ti. La clásica inversión de poder.

La risa, o el simple final feliz, tienen lugar cuando niegas la tensión. Cuanta más tensión puedas crear y cuanto más tiempo puedas mantenerla sin alienar a tu lector, más satisfactorio resultará el final. Y aunque alienes al lector, hay muchos números de que vuelva al libro movido por la curiosidad insatisfecha. En 1996, cuando salió al mercado *El club de la lucha*, muchos reseñistas comentaron que habían abandonado la lectura en algún punto y habían tirado el libro contra la pared –literalmente–, pero que enseguida habían vuelto para ver cómo se resolvía la situación.

TENSIÓN: EXPLORA CUESTIONES IRRESOLUBLES

Las cuestiones sociales sin resolver entrañan una tensión enorme. El filósofo francés Jacques Derrida propone que la cultura occidental es binaria. Todo ha de ser de una forma o de otra. Verdadero o falso. Vivo o muerto. Masculino o femenino. Cualquier cosa que no entre con claridad en una categoría u otra nos desconcierta. Su ejemplo preferido es el zombi, que parece estar al mismo tiempo vivo y muerto. Igual que el vampiro. Y en las historias sobre ambos, la meta es resolverlos como si estuvieran muertos.

Esa es la razón de que yo muestre conductas cuestionables en mi obra, pero me niegue a defenderlas ni a condenarlas. ¿Por qué frenar la energía maravillosa del debate público?

A menudo los lectores tienen reacciones fuertes sin entender por qué. Los historiadores del cine especulan con que las películas de la Universal *Frankenstein* y *El fantasma de la ópera* tuvieron tanto éxito porque permitían a los espectadores reaccionar al horror persistente de la Primera Guerra Mundial. Los avances de la medicina salvaron las vidas de muchos soldados que nunca habrían vuelto a casa de otras guerras anteriores. Y esos supervivientes con graves mutilaciones aparecían ocasionalmente en público. Aquellas películas de terror asustaban a los espectadores, pero también les permitían prepararse para ver a aquellos «monstruos».

Asimismo, se dice que *Drácula* de Bram Stoker les confirió a los lectores una forma socialmente aprobada de desahogar su miedo a los judíos ricos que emigraban a Londres en el siglo XIX. *La semilla del diablo* podía señalar sin peligro el poco control que las mujeres tenían sobre su salud reproductiva en la época de su estreno. A base de etiquetar su historia como «terror», Ira Levin la hizo menos amenazadora y más real.

Por tanto, plantéate otros aspectos de la cultura que no estén claramente resueltos. Los primeros que me vienen a la cabeza son el aborto y la circuncisión masculina. La gente nunca dejará de pelearse para defenderlos o denunciarlos. Como escritor, tu tarea no es resolver ningún debate, pero sí puedes describir el estado de las cosas y hacer uso de la tensión natural que acarrea un tema.

Te sugiero que te plantees la historia de un hombre que quiere que su mujer aborte. Ella acepta, pero solo si él acepta circuncidarse. La mujer renunciará a su criatura si él está dispuesto a renunciar a cierta cantidad de sí mismo, y probablemente a una parte de su placer sexual. Al hombre no le tocará criar a otro hijo, y la mujer no tendrá que lidiar con ese colgajo de piel masculina blanda y flácida que nunca huele todo lo que bien que ella querría.

Otra sugerencia argumental: piensa en la marca de carne enlatada Spam. El escritor Doug Coupland me cuenta que los antropólogos tienen una teoría para explicar por qué la carne enlatada es tan popular entre los habitantes de los archipiélagos del Pacífico. La teoría es que el sabor y la consistencia de la Spam se parecen a los de la carne humana. Y es un producto que chifla a las culturas con antecedentes lejanos de canibalismo sin que sepan por qué. Así pues… un restaurante exclusivo y secreto organiza cruceros que llevan a los invitados a varias millas de la costa, hasta aguas internacionales, y allí les cobran una suma enorme a cambio de un banquete de carne humana.

Pero en realidad lo que los anfitriones preparan y sirven es Spam. ¿Es ético cobrar a la gente –por muy repulsiva que sea esa gente– un precio exorbitante por carne humana falsa?

Y una última sugerencia: eres un profesor universitario de física o de química, y viene a verte tu alumna más prometedora con un descubrimiento que ha hecho. Ha encontrado una nueva propiedad molecular del chocolate. La alumna es tan brillante como ingenua, pero te das cuenta de que su descubrimiento podría terminar usándose para armar la bomba más destructiva que ha conocido la humanidad. Si se le permite hacer públicos sus hallazgos, tarde o temprano acabarán muriendo miles de millones de personas. La previenes, aunque no hay garantía de que no desvele algún día su descubrimiento. ¿Deberías matarla? Y como tú también lo sabes, y quizás algún día sufras demencia y se te escape el secreto mortal, ¿deberías suicidarte también?

¿Entiendes lo que digo? Si fueras alumno mío, te animaría a que encontraras alguna cuestión irresoluble que garantice de forma automática tensión y debate en torno a tu obra.

TENSIÓN: RELATOS QUE SE PRECIPITAN A LA LOCURA

Este tipo de historias que trato a continuación se cuentan entre mis favoritas. Son relatos cortos. Tienen que serlo para no agotar al lector. Ofrecen el caos y la falta de lógica de Kafka, pero añadiéndole el humor de la sátira. No quiero estropear ninguna sorpresa, pero te ahorraré una vida entera de buscarlas, porque ciertamente son difíciles de encontrar.

«Dusk in Fierce Pajamas» de E.B. White. Un hombre en su cama de enfermo, delirando de fiebre, se obsesiona con las vidas y las imágenes de la gente rica y famosa sobre la que lee en las páginas de las revistas de moda.

«Mi vida con R.H. Macy» de Shirley Jackson. Una mujer joven, probablemente la misma Jackson, se convierte en operaria anónima y desconcertada durante su formación para un trabajo entre la burocracia sin rostro de los grandes almacenes más grandes del mundo. Es el antídoto a su cuento de terror «La lotería».

«Y no nos lleves a Penn Station» de Amy Hempel. Una letanía de absurdidades e insultos cotidianos sufridos en Nueva York.

«Referencia nº 388475848-5» de Amy Hempel. El intento más gracioso que ha hecho nunca nadie de escaquearse de pagar una multa de aparcamiento.

«In Hot Pursuit» de Fran Lebowitz. Un Sherlock Holmes gay muy parlanchín y petulante vuela a Los Ángeles en busca de un grupo organizado de pedófilos.

«Perdedor» de Chuck Palahniuk. Un aspirante a ingresar en una fraternidad universitaria toma LSD y es seleccionado entre el público del plató para participar en *El precio justo.*

«Eleanor» de Chuck Palahniuk. Una larga serie de palabras mal dichas sigue a un leñador durante su huida de los altos y letales árboles de Oregón, solo para que encuentre su violento destino en los adosados cubiertos de estuco del Sur de California.

«Cosas de adultos» de Chuck Palahniuk. Un padre intenta enseñarle de dónde vienen los niños a su hijo de siete años, durante una charla educativa repleta de genitales que se inmolan y de Sally Struthers.

Si fueras alumno mío, te asignaría la siguiente propuesta de texto.

Escribe como si fueras la voz colectiva de un comité de revisión de contenidos que debe asignar la clasificación por edad a una película por estrenar. Hablando desde el «nosotros» colectivo, has de ir mencionando las inferencias cada vez más absurdas que creen estar viendo los miembros del comité. Nubes que resultan incómodamente fálicas. El modo quizá no accidental en que se combinan e interactúan las siluetas proyectadas por la gente y los animales. Niños que comen donuts de forma vagamente sugerente. En vuestro informe al cineasta, citáis que fueron espectadores individuales quienes vieron primero cada transgresión, pero, una vez señaladas, los revisores coincidieron en considerarlas todas ofensas flagrantes. El relato debería ser una letanía acumulativa de «proyección» psicológica, mientras los moralizantes revisores protestan por unos horrores subliminales que dicen más de sus propias imaginaciones enfermizas que sobre nada que la película muestre realmente.

Buena suerte. No alargues el relato. Vuélvete loco.

TENSIÓN: CREAR SUSPENSE CON LA DENEGACIÓN

En términos literarios anticuados, siempre que abordas un tema pero te niegas a explorarlo, eso se llama *occupatio* (o *paralipsis* en griego). Por ejemplo, «La primera regla del club de la lucha es que no se habla del club de la lucha».

Pero la técnica también abarca declaraciones del tipo: «Sabes que nunca te mataría, ¿verdad?».

O: «Se dijo a sí mismo que no debía abofetearla».

Siempre que niegas una posibilidad, estás creándola al mismo tiempo. Esa clase de declaraciones introducen las amenazas que parecen estar negando. Por ejemplo:

Este barco no se puede hundir.

Se supone que este salmón en lata es seguro.

Por favor, no menciones el asesinato de Daniel. No vamos a sacar ese tema.

Como escritor, cada vez que quieras introducir un peligro, asegúrale al lector que eso no va a suceder. Con la mano en el corazón, prométele que ese horrible, amenazador e impensable acontecimiento de ningún modo va a tener lugar. Parecerá una garantía de estar a salvo, pero es un modo genial de introducir la promesa del caos y el desastre.

POSTAL DE LA GIRA

La primera vez que pasó no me enteré de que había pasado. La sala estaba llena de gente y hacía calor, así que nadie se sorprendió demasiado.

Mi meta era igualar el poder del relato «La lotería» de Shirley Jackson. Cuando se publicó por primera vez en *The New Yorker* en 1948, cientos de lectores cancelaron sus suscripciones. Hoy día el relato se enseña a los niños en la escuela. Eso me hizo preguntarme: ¿qué debería mostrar un relato hoy día para generar el mismo nivel de ansiedad?

En la época de Jackson, sospecho que su relato se podía asociar con el reclutamiento para la guerra. La idea de que todos vivimos en paz y seguridad gracias a que una serie de jóvenes elegidos al azar son aniquilados de la forma más cruel que la ciencia ha podido ingeniar. Pero nadie lo dice. Cuando un libro como *Las poseídas de Stepford* lo peta, la gente reacciona a los detalles superficiales. Nadie se atreve a mencionar que la novela sugiere la ominosa amenaza de la reacción masculina contra el movimiento para los derechos de las mujeres.

«La lotería» es un clásico, y aun así la gente pasa por alto que su terror es el terror de millones de hombres jóvenes que confían en que les salgan números altos en una lotería inevitable. Si queremos nombrar la amenaza, entonces estaremos obligados a lidiar con ella.

Por cierto, yo tuve una parte de las cenizas de Jackson. Su hija Sadie era amiga de una amiga mía a través de la San Francisco Cacophony Society. Sadie había estado vendiendo las cenizas por internet, bajo el nombre comercial «ShirleyBone», y cuando se enteró de que yo era fan de la obra de su madre me hizo un envío. Abrí la caja en la mesa de la cocina pese a las objeciones de mis compañeros de piso, que estaban desayunando. Cenizas y huesos triturados. Era una reliquia demasiado valiosa para atesorarla yo, de manera que encontré dos cajas de anticuario, de madera labrada y con incrustaciones de marfil, y dividí a Shirley entre ellas. Una se la mandé a mi agente con una carta explicativa. Y la otra a mi editor.

Y durante todo ese tiempo me dediqué a preguntarme qué relato moderno podría igualar el impacto de «La lotería».

Llevaba desde la universidad guardándome la historia de una buena amiga que había intentado hacer la práctica sexual conocida como «sounding» –búscalo, ya verás– con una vara de cera mientras se masturbaba. Las facturas de la operación de emergencia que necesitó terminaron con su carrera académica. Al cabo de una década, un amigo borracho me contó que había comprado todos los ingredientes para hacer pastel de zanahoria con vaselina. Luego había tirado el azúcar y la harina y se había ido a casa para hacerse «pegging» a sí mismo –búscalo– con la zanahoria mientras se masturbaba. Dos buenas anécdotas con un tema común, pero todavía insuficientes para hacer un relato con ellas.

Finalmente, mientras hacía investigación para mi novela *Asfixia*, conocí a un hombre que había estado a punto de morir mientras se daba placer en una piscina. Era el tercer elemento que necesitaba. Me tomé un Vicodin para poder escribir un borrador de una sola y maratoniana sentada. La primera vez que lo leí en nuestro taller de escritura semanal, mis amigos se rieron. Soltaron un par de gemidos de asco, pero nadie se desmayó. Refiriéndose a una frase sobre el perro, Greg Netzer dijo: «Gracias por las risas del final».

Titulé el relato «Tripas».

En la superficie, el relato es repugnante, pero su poder estriba en cómo muestra la alienación que sentimos cuando nuestra sexualidad incipiente nos aliena de nuestros padres.

Después de que se publicara en la revista *Playboy* y en el periódico *The Guardian* –que perdió a numerosos suscriptores por sacar el relato en su suplemento dominical–, un hombre me escribió para decirme que era el relato más triste y conmovedor que había leído nunca. Siempre resulta alentador que alguien mire por debajo de la superficie.

La primera lectura en público de este relato tuvo lugar en la Pearl Room del piso de arriba de la librería Powell's. Aquella tarde hacía calor. Cuando ya habíamos terminado me enteré de que un joven que estaba al fondo se había desmayado. Nadie se propone escribir un relato que haga desmayarse a sus oyentes.

A la noche siguiente, en una lectura en el Borders de Tigard, en Oregón, cayeron redondas dos personas.

A la librería Cody's de Telegraph Avenue, Berkeley, ya llegué preparado. El auditorio estaba abarrotado. Desde la tarima pude ver la tensión en las caras de la gente, esas expresiones irritadas resultado de estar demasiado apelotonados. Gente que no se conocía de nada pegada entre sí. La incomodidad generalizada, junto con el calor, la oscuridad y la falta de espacio personal provocaba que todo el mundo odiara a los demás.

El relaciones públicas de Cody's, David Golia, había presenciado los desmayos en las librerías de San Francisco, y me había jurado que se producían cuando yo leía las palabras «maíz y cacahuetes». En Berkeley, cuando llegamos al maíz y a los cacahuetes, me fijé en un joven que estaba sentado en el centro de la sala. Primero se le cayó la cabeza a un lado y después se desplomó sobre la chica que tenía al lado. A juzgar por la expresión de ella, no se conocían de nada. El contacto hizo que pusiese una mueca de asco. Primero le cayó encima el torso del joven, y luego soltó un chillido mientras se terminaba de caer al suelo.

Su chillido atrajo la atención hacia ella. Y dejé de leer mientras todas las hileras de espectadores se levantaban para verla mejor. La gente se agarraba el pecho y se tapaba la cara con las manos. Era evidente que estaban todos preocupados. No sabían si el chico estaba muerto o qué. Quienes se encontraban inmediatamente a su alrededor lo levantaron del suelo, pero no había otro sitio donde ponerlo que el regazo de la joven que había chillado.

La escena vista desde la tarima era una *pietà* extraña. El hombre aparentemente muerto estaba echado sobre el regazo de la joven. También había detalles que recordaban a la Última Cena, porque la gente que los flanqueaba y todo el mundo de alrededor estaban inclinados hacia delante como para ofrecer ayuda. Cuatrocientas expresiones de desesperación y empatía.

Miré a David Golia. Los dos sabíamos lo que iba a suceder a continuación.

El hombre desplomado parpadeó y se despertó. Al verse convertido en el centro de atención, se ruborizó. Con mucho cuidado, le ayudaron a sentarse otra vez con la espalda recta en su asiento.

Y entonces el público... enloqueció. Llantos. Aplausos. Se habían olvidado de que yo estaba allí. Para ellos, era como si acabaran de presenciar una muerte y una resurrección. Lázaro. La tensión se disipó, y en su lugar quedó una cálida sensación de unidad. Ya se estaban contando la historia entre ellos. El horror y el alivio que habían compartido los habían convertido en una familia.

Con el permiso de la víctima, terminé por fin mi lectura.

En una ciudad tras otra, en Inglaterra, en Italia o donde fuera, todo seguía un patrón casi idéntico. Maíz y cacahuetes. Dejé de contar a los caídos cuando la cifra llegó a setenta y tres, pero seguí leyendo el relato. En varias ocasiones la gente se desmayaba mientras hacía cola y lo leía en silencio. Me llegaron voces de que alguien se había desmayado leyéndolo en un andén del metro. Hace poco, en la Sinagoga Histórica de la Sexta con la calle I de Washington DC, cinco personas perdieron el conocimiento y fueron atendidas por un médico que había entre el público. Cuando llegué al final del relato, en los vitrales de colores se reflejaban las luces rojas y azules de las ambulancias que habían llegado.

Esa es la historia del relato. Hasta el momento se han desmayado cientos de personas.

Creo que Shirley Jackson lo aprobaría.

PROCESO

«¿De donde sacas las ideas?», me pregunta la gente. Su pregunta debería ir mucho más allá.

A veces llega primero la premisa. Otras veces, una sola frase o expresión ya es la génesis de todo un relato o un libro. Una vez, un amigo del trabajo me dijo: «Ya veo cómo piensas que son las cosas». Una frase de resonancias maravillosas, llena de ecos y de ambigüedad. Aquella noche repetí la frase en un taller y mis compañeros se pelearon para ser el primero en usarla. Estando de gira en Kansas City con Todd Doughty, mi querido Todd, el más grande agente de prensa vivo, le pedimos al empleado de billetería que registrara todas nuestras maletas a mi nombre. Como yo tenía asiento en clase business, así a Todd no le cobrarían por la suya. El empleado se encogió de hombros y dijo en tono jovial: «Nunca lo he hecho así. *Vamos a ver qué pasa*». Otra frase maravillosa, cargada de curiosidad y de expectación. Se convirtió en el título de un relato de mi libro de colorear *Bait*, ilustrado por el fabuloso artista Duncan Fegredo.

PROCESO: MI MÉTODO

En la década de 1850, el United States Coast and Geodetic Survey produjo una serie de croquis de la línea de costa de California con el objetivo de emplazar varios faros. Entre los artistas a los que contrataron para que produjeran los grabados estaba un joven que tenía la costumbre de bosquejar retratos en los márgenes de su trabajo. Sus retratos eran pequeños estudios que mostraban los efectos de iluminar las caras de la gente desde ángulos distintos. Eran encantadores, pero cuando empezaron a aparecer en alzados destinados a documentar la línea de costa de Santa Barbara lo despidieron.

El hombre se llamaba James McNeill Whistler, y estaba destinado a hacer grandes cosas. Pero hoy en día aquellos pequeños estudios de figuras muestran cómo trabaja de forma constante una mente creativa.

Nunca sabes cuándo vas a encontrarte con una idea, una imagen o un comentario valiosos. El otro día estaba pasando por unas obras donde había varios operarios trabajando en los andamios mientras un peón corría para llevarles el mortero recién hecho. Parecía un trabajo terrible, aquello de cargar cubos y más cubos de mortero fresco por escaleras de mano. Para mostrar su apreciación, un albañil le gritó:

–¡Chaval, me encanta lo fresco que traes el barro!

Vale, no fue *el otro día*, fue hace once años. Pero es así cómo una frase maravillosa se le puede quedar en la mente a un escritor. Pura poesía, la forma en que los cuatro golpes de voz de la frase casi forman un endecasílabo. Es una práctica habitual entre los escritores llevar un «diario» donde apuntar ideas o anécdotas útiles, pero las mejores se te quedan en el cerebro hasta que encuentras un sitio donde exponerlas.

«Chaval, me encanta lo fresco que traes el barro» ha encontrado su casa por fin.

En un evento para la National Public Radio de Portsmouth, New Hampshire, una maravillosa y divertida productora me contó que había cenado con la estoica familia de una amiga blanca y protestante. Imitó en silencio el uso del cuchillo y el tenedor para demostrarme cómo aquella gente se había comido la cena entera sin decir nada. Y concluyó: «Nueva Inglaterra, la tierra donde Dios congeló a la gente».

¿Cómo me iba a olvidar de aquello? ¿Y cómo no lo iba a usar? Cada vez que estoy aguantando una cena silenciosa y anquilosada, le doy un codazo a algún amigo y le digo: «Aquí Dios congeló a la gente». Ahora esa maravillosa puya también ha encontrado un hogar.

Me pasé años carteándome con el escritor Ira Levin. Él apoyó mi libro *Diario*, y me asombró verme en contacto con el autor de *La semilla del diablo* y tantos otros libros magníficos, además de la obra de teatro *Trampa mortal*. Cuando le pregunté por sus métodos para escribir, me contestó contándome la parábola de un hombre que tenía una barba muy larga. Una vez alguien le preguntó si dormía con la barba por encima o por debajo de las mantas, y él no supo contestar. Nunca lo había pensado. Aquella noche probó a dormir con la barba bajo las mantas y no pudo. Luego probó con la barba por encima de las mantas y tampoco pudo. Y después de aquel día, el hombre ya nunca pudo volver a dormir.

Lo que Ira Levin intentaba decir era que no hay que pensar demasiado en el proceso creativo.

Pero si fueras alumno mío y me lo preguntaras, esto es lo que te diría. En primer lugar, trabajo mejor en lugares aburridos, con pocos estímulos pero en presencia de otra gente. Esos lugares incluyen los aeropuertos. Los concesionarios de venta de coches. Las salas de espera de urgencias de los hospitales. Cuando todavía trabajaba en Camiones Freightliner, apuntaba mis primeras ideas en cuadernos que escondía entre los datos dinamométricos, los tamaños de los tornillos pasadores y la numeración de las piezas del proyecto mecánico que me asignaran. Igual que los mapas de Whistler se llenaban de bocetos durante sus horas de trabajo.

Me considero un simple vehículo. Soy la cosa desechable que intenta identificar la cosa eterna. Me entra la experiencia y me sale el producto.

Reconozco mis tendencias mecanicistas. Los años que pasé en la cadena de montaje de camiones de Freightliner influyeron en mi proceso. Cuando están listos, los submódulos se añaden a la cadena de montaje principal. Estos submódulos pueden ser los relatos que constituyen los nudos principales de la trama. Cada uno de ellos es un experimento para desarrollar la voz del libro. El proceso se parece a un collage.

Un aparte: hace años me contaron que las giras promocionales se hacían para potenciar los medios de comunicación locales en los grandes mercados. Hablo de los días ya lejanos de los periódicos y de la televisión local en horario diurno. Esos medios de comunicación ya han desaparecido. Hoy día tiene más sentido pedir a los escritores que produzcan una serie de artículos para que los usen como contenido las páginas web o las revistas. En Reino Unido ya es práctica habitual. En vez de dormir, el escritor que está de gira en Londres termina pasando la noche en la sala de trabajo del hotel, terminando a toda prisa una docena de artículos de último minuto donde indica su relato de terror o su figura histórica favoritos o bien cuenta su remedio para el bloqueo del escritor. A fin de evitar este escollo, te recomiendo que escribas tu novela con una serie de escenas o capítulos que puedan funcionar de forma independiente como relatos breves. Así las revistas y las páginas web las podrán usar como extractos, y serán una promoción mucho mejor para el libro. Ve preparado para el hecho de que todos los medios van a querer contenido gratuito.

Volviendo al proceso... De cara a empezar un libro o un relato, recopilo el material necesario a base de organizarme las ideas y apuntármelas en un cuaderno. Llevo el cuaderno a todas partes y apunto cualquier idea, imagen o expresión que me parezca ideal para la escena o la historia. En cuanto tengo varias páginas, tecleo esas notas en forma de archivo, y las voy cortando y pegando para ver cómo funcionan yuxtapuestas de maneras distintas.

Llegado este punto, imprimo el borrador entero de la cosa en marcha. Encuaderno las páginas y me las llevo a todas partes, para leerlas y corregirlas cada vez que tengo un momento de calma. Cuando vuelvo a tener delante mi ordenador, introduzco los cambios en el archivo e imprimo un nuevo borrador para encuadernarlo, llevarlo encima y seguir corrigiendo.

Un pintor me dijo una vez que todo artista debe gestionar su vida de tal manera que le queden bloques grandes de tiempo para el trabajo creativo. A base de ir tomando notas todo el día, cuando por fin me siento a «escribir» ya tengo montones de ideas. No malgasto mi valioso tiempo de escritura empezando desde cero.

También me dedico continuamente a enseñarles mis ideas a mis amigos y compañeros de talleres. Así veo cómo responde la gente al tema y si me sugiere caminos nuevos o bien reconoce patrones que no se me hayan ocurrido. Y también me aseguro de que la idea no se haya usado ya en la cultura popular reciente.

Cuando el relato empieza a funcionar, busco lagunas en las que haga falta algo extra, como, por ejemplo, una pausa o una transición más fluida, un momento de usar el cuerpo o un gesto significativo. O en las que convendría algo más de investigación. Cuando esas lagunas quedan solventadas, ya tengo un relato que se convertirá en nudo de trama del futuro libro.

De esa forma creo una secuencia de escenas centrales. Por ejemplo, una que describa el trabajo del personaje. El inicio del romance, el «chico conoce a chica». O bien la forma adulterada en que el personaje satisface sus necesidades emocionales; por ejemplo, engañando a la gente para que lo quieran. Cada una de estas escenas tiene que funcionar como relato independiente. En primer lugar, para poder leerlo en los talleres, comprobar su efecto y recoger las reacciones para tenerlas en cuenta durante la revisión. En segundo lugar, para poder leerlos en público y poner a prueba dónde se estanca su efecto o dónde se producen las risas inesperadas. Esto es verídico: cuando leí el relato «Romance» en plena gira, la gente siempre se reía con la frase «Y levantamos mi tienda de campaña...». Los personajes estaban acampando en un festival de música, ¿qué tenía eso de gracioso? Estando de gira, alguien me explicó que «levantar la tienda» era un nuevo eufemismo para decir que tenías una erección. Hay que ver.

El relato independiente también se puede vender a una revista; así te sacas un dinero extra y le demuestras a alguna futura editorial que el tema ya lo han tocado otros.

Estos relatos se van acumulando. Cada uno de ellos contribuye a establecer los tics verbales del narrador, y los relatos posteriores plantean variaciones sobre esos mismos recursos. Llegado este punto del proceso ya me dedico a imprimir todos los relatos juntos, a encuadernarlos y a llevarme la compilación a todas partes. A base de cambiarlos de orden puedo poner a prueba el ritmo o bien buscar sitios donde un aparte o un flashback puedan contribuir a mantener la tensión o a distraer al lector antes de alguna resolución sorprendente.

Este arduo proceso de crear un primer borrador completo es lo que Tom llama «cagar la gran piedra». En plan: «Relájate, todavía estás cagando la gran piedra».

Con el tiempo termino reuniendo un borrador completo del libro. Los nudos de trama más importante, los relatos originales, ya están acabados. La estructura principal de la casa ficticia ya está armada y más o menos sellada. Solo queda ajustar el ritmo y probar varios finales distintos.

La ventaja de este método es que, de entrada, cada relato ya me produce satisfacción. No es que vaya arrastrando el caos de una novela inacabada. Cada vez que termino y vendo un relato, ya soy libre de empezar otro nuevo. Sé que todos los submódulos funcionan porque se están publicando o bien los está aplaudiendo un público.

Si fuera tu profesor, admitiría que esto suena bastante tosco. Pero si tienes un trabajo a tiempo completo y una familia y necesitas compaginar todas las obligaciones de la vida, esta experimentación escena a escena te mantendrá cuerdo.

PROCESO: SIEMBRA DE FÁBULAS

Otra anécdota de la Freightliner. En los meses de frío, los gatos salvajes venían a vivir a la planta de montaje de camiones, pese al bramido constante de las herramientas neumáticas y a la neblina de grasa y pintura que flotaba en el aire. La gente les daba de comer de sus fiambreras, y a veces los veíamos correr del refugio de un cajón al siguiente. Otras veces abríamos una caja y nos encontrábamos una camada de gatitos recién nacidos, todos rosados y maullando, y la política de la dirección estipulaba que todos los gatitos debían tirarse de inmediato a la trituradora. Allí quedarían pulverizados al instante, de la misma forma que el cartón o los materiales de embalar. Fuera o no la política, nadie era tan cruel. Aun exponiéndonos a perder el trabajo, manteníamos a los gatitos en secreto, los escondíamos y les dábamos de comer hasta que llegaba la primavera y se podían aventurar a salir.

Cada trabajo es un mundo. En mi primer día en aquella misma planta, mi capataz me mandó a otra sección a recoger una herramienta llamada «afilador de escobillas». El capataz de la siguiente sección me mandó a otro capataz, que me mandó a una cuarta sección de la cadena, aunque no sin que todos aquellos capataces me insultaran. Al llegar el final del turno, ya había pasado por todas las secciones de la planta, desde montaje general de cabina hasta montaje fuera de cadena, y todos me habían insultado y escupido. El afilador de escobillas no existía, pero esa no era la cuestión. Lo importante era que había aprendido a orientarme por la planta y me había presentado a todos los jefes a los que me podían asignar.

Y la razón de que te cuente esta historia es que, años más tarde, la conté en una fiesta y todos los presentes prácticamente se desvivieron por contarme una historia casi idéntica sacada de sus vidas. Alguien que había trabajado en una hamburguesería Red Robin contó que en su primer día la habían mandado a buscar el pelador de plátanos. Alguien contó que en unos grandes almacenes Target lo habían mandado a buscar el alargador de estantes.

Ya lo ves: una buena historia puede generar un silencio reverencial en la sala. Pero una gran historia evoca historias parecidas y une a la gente. Crea comunidad a base de recordarnos que entre nuestras vidas hay más semejanzas que diferencias.

De hecho, una gran historia da pie a una competición amistosa. Un hombre que había trabajado en una fábrica de ladrillos de Toronto nos dijo que lo habían mandado a buscar un cubo de vapor caliente. Sus compañeros le habían enseñado a tapar una salida de vapor con el cubo y luego salir corriendo con el cubo puesto del revés. En vez de cuestionar la tarea, se había pasado su primer día corriendo de un lado para otro con ampollas en las manos y tratando de entregar el vapor donde hiciera falta.

Otro hombre contó que las cadenas de televisión ponían al nuevo a limpiar los geles de las luces. Los geles son unas láminas finas de plástico de colores que se usan para colorear las luces de un plató. Se llaman así porque originariamente eran láminas finas de una gelatina increíblemente frágil. En tu primer día en la televisión, un director te da unas cuantas de esas láminas y te manda que las laves. Y que, como les hagas algún arañazo o las rompas, estás despedido. Te mandan al cuarto de la limpieza, que tiene un fregadero, y te dicen que uses el agua más caliente posible. Por supuesto, te dan los geles antiguos, hechos de gelatina, así que en cuanto el agua los toca las láminas se deshacen y desaparecen por el desagüe. El hombre que me contó la historia se había pasado el resto de su primer día en televisión escondiéndose de su jefe, convencido de que lo iban a echar.

Un cirujano pediátrico me contó que, durante su residencia, lo habían llamado una noche. Era tarde, ya muy pasada la medianoche de un turno que apenas le había dejado tiempo para comer ni dormir. Acababa de echarse a dormir en una camilla cuando el sistema de megafonía anunció un código rojo y lo convocó a una sala remota, en una planta del hospital que apenas se usaba. Salió del ascensor oyendo gritos en la sala en cuestión, y al entrar se encontró con una mujer desnuda en la cama, cubierta de sangre y con un bebé en brazos.

–¡Tú! –gritó la mujer–. ¡Tú lo has matado, hijo de puta! ¡Has matado a mi bebé!

Y le arrojó al bebé muerto; el cirujano lo cazó al vuelo sin pensar. La sangre estaba pegajosa y olía mal. El bebé pesaba y estaba inerte. La sala estaba mal iluminada, con unas luces de pesadilla que salían de debajo de la cama y múltiples mamparas y cortinas a medio cerrar.

La razón de las cortinas era que todo el personal médico estaba escondido, mirando. La mujer de la cama era una enfermera. El bebé muerto parecía tan real porque era el muñeco que se usaba para enseñar la respiración artificial. Y la sangre tenía una textura y un olor realistas porque era sangre de verdad que había caducado. Todo el mundo estaba apelotonado dentro de aquella sala a oscuras porque querían ver lo que se les hacía... lo que se te hacía.

Todas estas historias de novatadas... Yo contaba las mejores y los desconocidos intentaban superarlas con historias verídicas sacadas de sus vidas. La culminación tuvo lugar en París. Un hombre trajeado, con unos zapatos impecablemente relucientes, se me llevó aparte y me dio su tarjeta de visita. Era veterinario, y me explicó que sacarse el título en Francia no era un proceso fácil. Había presentado siete solicitudes a la academia antes de que lo aceptaran. A modo de celebración, sus tutores e instructores habían montado una fiesta en su honor en uno de los laboratorios.

Habían bebido vino, y el grupo lo había felicitado con entusiasmo por su entrada en el programa. En un momento dado, alguien le había dado una copa de vino donde le habían echado un sedante, porque así lo dictaba la tradición. Se había quedado dormido, y habían colocado su cuerpo desnudo y dormido en posición fetal. Luego lo habían embutido con cuidado y meticulosamente dentro del vientre vaciado de un caballo recién muerto y habían cosido la abertura.

–Cuando te despiertas –me explicó–, no tienes ni idea de dónde estás.

Te duele la cabeza por culpa del sedante. Estás temblando de frío. No hay luz, y no puedes respirar hondo de tanto que apesta. Estás tan prieto allí dentro que no te puedes mover, y tienes ganas de vomitar, pero ni para eso hay espacio. Aun así, oyes voces. Fuera de ese espacio oscuro y minúsculo, tus profesores y tutores siguen de fiesta, y en cuanto ven que te mueves dentro de la tensada piel del caballo se ponen a gritarte.

–¿Qué te creías, que era fácil ser uno de los nuestros? –te gritan. Provocándote–. ¡No puedes hacerte veterinario solo a base de rellenar unos papeles! –Invisibles, desde todas partes, te gritan–: ¡Para unirte a nuestra profesión *tienes que pelear*!

Y mientras te exigen que pelees, gritando «¡Pelea! ¡Pelea!», empiezas a forcejear y a empujar contra lo que sea que te oprime. Y cuando por fin abres un agujero con las uñas en la piel muerta y dura, alguien te pone una copa de vino en la mano ensangrentada.

Lentamente te ves obligado a darte a luz a ti mismo, desnudo y sanguinolento, desde el interior del animal muerto. Y una vez sales, tus compañeros te aplauden y te aceptan con calidez genuina, y te quedas en la fiesta, desnudo y embadurnado de sangre; te has ganado un lugar en sus filas.

Aquel hombre de París, con su tarjeta de visita y sus zapatos relucientes, me explicó por qué existía aquella tradición. Aquel ritual grotesco y ancestral. Era porque creaba una experiencia fundamental compartida que algún día te reconfortaría. En el futuro, por muchos cachorrillos o gatitos que murieran en tus manos, por muy desgarrador que te pudiera resultar tu trabajo, nunca te resultaría tan horrible como despertarte dentro de un caballo muerto y frío.

Las mejores historias evocan otras historias. A esto lo llamo «siembra de fábulas». Así como la práctica de la siembra de nubes produce lluvia, la siembra de fábulas es una forma de tomar una experiencia personal y común, ponerla a prueba y desarrollarla. Ninguno de nosotros vive una vida tan atípica como para que los demás no la puedan sentir próxima.

Nota: Cole Porter era famoso no por inventar sus pegadizos estribillos, sino por oírlos a hurtadillas. Se dedicaba a escuchar en los lugares públicos, elegía los términos más populares de jerga y construía sus canciones alrededor de ellos. Los títulos de muchos de sus temas, como «You're the top» y «Anything goes», eran expresiones que la gente ya estaba usando, y eso le facilitaba la tarea de vender su obra. Asimismo, el método de John Steinbeck consistía en escuchar en los márgenes. En estudiar la forma de hablar de la gente y aprenderse los detalles de sus vidas. Cuando se hizo famoso, le entró el pánico. Como estaba en el centro de atención, ya no podía recopilar lo que necesitaba.

La siembra de fábulas funciona de muchas formas distintas.

En primer lugar, la siembra de fábulas te permite ver si un relato cautiva a la gente. ¿Acaso los engancha al instante y les recuerda a sus vidas? ¿O les trae a la cabeza anécdotas que ya casi habían olvidado? ¿O bien los autoriza para contar historias que nunca se habían atrevido a compartir?

Eso es importante. A menudo la gente se refrena por miedo a ofender o a que la juzguen. Pero si eres tú quien asume el riesgo y mueve la primera pieza, los estarás autorizando a que se arriesguen a compartir sus historias. Con un pez pequeño atrapas a un pez más grande.

«Tripas» todavía sigue dando permiso a la gente para que cuente anécdotas reales parecidas. Una mujer de mi edad me contó que había estado en las Brownies cuando iba a segundo de primaria. Las Brownies son el paso previo para entrar en las girl scouts. Tenía siete años y le dolía la barriga, de manera que su madre la hizo acostarse boca abajo encima de una esterilla eléctrica caliente que vibraba. «Se me debió de meter entre las piernas –me contó–, porque me desperté sintiéndome *de maravilla*».

Nunca había experimentado nada tan glorioso. No tenía ni idea de qué había pasado, pero la vez siguiente que hizo de anfitriona de la tropa de Brownies en su casa les dijo: «¡Brownies, tenéis que probar esta esterilla eléctrica!».

–Fue como *Sexo en Nueva York* para niñas de siete años –me contó–. Por primera vez fui la niña más popular de la escuela. –Sonrió con orgullo–. Y todas querían ser mis mejores amigas.

Hasta el día en que su madre volvió a casa temprano del trabajo y las pilló a todas con la esterilla eléctrica. Su madre mandó a las demás niñas a casa.

–Arrancó el cable de la esterilla del enchufe de la pared –me contó la mujer– y se puso a zurrarme con él. Y todo el tiempo me preguntaba: «¿Qué clase de puta asquerosa he criado?» y «¿Cómo te atreves a hacer una guarrada así?».

»Llevo sin tener un orgasmo desde segundo de primaria –me confió la mujer–. Pero si tú puedes salir y contar que te hiciste una paja con una zanahoria en el culo, quizá yo pueda ir a ver a mi madre y hablarle de la esterilla eléctrica... Quizá pueda usar la historia en vez de que *me use ella a mí*.

Tuve ganas de corregirla. «¡Señora, la historia de "Tripas" no me sucedió a mí!». Aunque, bien mirado, ¿qué más daba? La meta de escribir no era quedar bien. La meta era dar permiso a la gente para que contara sus historias y así resolviera sus apegos y reacciones emocionales.

Aparte de poner a prueba el atractivo de un relato y su resonancia, la siembra de fábulas te proporciona ejemplos más importantes y mejores para ilustrar la misma dinámica. Acuérdate: el minimalismo significa decir la misma cosa de cien maneras distintas. Mi recuerdo del afilador de escobillas es gracioso, pero por encima de todo fue el cebo que atrajo la historia del cubo de vapor, la historia de la gelatina, la historia del cirujano y, en última instancia, la historia del caballo muerto del veterinario.

Quizás el mejor aspecto de la siembra de fábulas sea que permite al escritor trabajar entre personas. La mayor parte del tiempo se lo pasa aislado del mundo, ya sea a solas con su pluma o su teclado, o a solas sobre un escenario, o a solas en una habitación de hotel. Siempre es un placer introducir una idea y escuchar cómo la interpreta otra gente. Mi licenciatura es en periodismo. No tengo imaginación, pero sé escuchar, y tengo una memoria decente. Y para mí escribir narrativa consiste en identificar patrones comunes a muchísimas vidas.

Así pues, si fueras alumno mío, te diría que fueras a fiestas. Que compartieras las partes más incómodas y poco halagadoras de tu vida. Y que permitieras a los demás compartir las suyas, y que buscaras los patrones comunes.

PROCESO: MI MÁSTER MODALIDAD MESA DE COCINA

Tom decía siempre que el 99 por ciento de lo que hace cualquier taller es darle a la gente permiso para que escriba. Legitimar una actividad que la mayoría considera que no sirve para nada.

Todos los jueves en casa de Tom se impartía el mismo curso. Quedábamos allí a las seis de la tarde. Primero nos preguntaba a todos cómo estábamos, normalmente usando la tercera persona. «¿Cómo está Monica esta semana?». Y a mí me preguntaba: «¿Qué está pasando en el mundo de Chuck?».

Socializábamos y Tom nos hablaba de su semana. Era un autor de carne y hueso, así que nos moríamos por oír sus historias de contratos de edición y ventas de derechos cinematográficos. El mero hecho de tener presente a Tom ya hacía que nuestros sueños parecieran posibles.

La socialización daba tiempo para que llegaran los rezagados. Tom impartía una charla sobre algún aspecto de la escritura, como por ejemplo los «caballos», o bien la diferencia entre «mente de mono y mente de elefante». Otras veces venía algún escritor invitado y nos daba él o ella la charla. Podía ser Peter Christopher enseñándonos a «sumergir el yo», o bien Karen Karbo contándonos que una pistola nunca es una simple pistola sin más. Hay que prestar atención a los detalles.

Aquella charla la dio después de oírme leer el primer capítulo de *El club de la lucha*, de forma que volví al *Libro de cocina del anarquista* y encontré las instrucciones para fabricar un silenciador casero; la pistola resultante me funcionó infinitamente mejor para establecer mi autoridad.

Cuando ya estábamos todos los alumnos, Tom pedía las páginas. Fue la cantinela que nos pasamos décadas usando: «¿Quién trae las páginas esta noche?».

Uno de los alumnos tenía que traer las copias impresas para que todo el mundo las leyera por su cuenta mientras el autor las leía en voz alta. En parte, la práctica derivaba del taller que había tenido Lish en Columbia. Es una agonía leer tu propia obra y tener que oír las partes en que no funciona. En parte lo de leer en voz alta también venía de la formación que tenía Tom con el Bowery Theater de Nueva York. No hay reacción más sincera que las risas o los gemidos o el silencio paralizado que crea la tensión genuina. Eso y la lectura en voz alta te preparan para terminar leyendo en público cuando vas de gira.

Quienes escuchaban tomaban notas en los márgenes de sus copias. Terminada la lectura, la gente tenía la oportunidad de responder. Las opiniones solo eran útiles si venían acompañadas de alguna sugerencia de corrección, o bien si elogiaban algún aspecto concreto. No estaba bien visto ponerse a discutir, porque nos podíamos pasar la noche entera intentando imponernos los unos a los otros. A medida que nos íbamos formando en las distinciones de Tom –la voz grande, usar el cuerpo, los caballos, la sotoconversación, la manumisión–, se fueron convirtiendo en nuestro lenguaje para evaluar los textos.

Para que conste en acta, «sotoconversación» (o subtexto) se refiere al mensaje que hay sumergido en las acciones y diálogos de la escena, el significado extra que se encuentra oculto. Lo que Tom entendía por «manumisión» era la naturalidad con que tus frases transportaban al lector hacia delante sin despertarlo del sueño de la ficción. A fin de representar esto, ahuecaba las manos y las inclinaba como si se estuviera pasando un objeto de pequeño tamaño entre las palmas de las manos. El buen escritor tenía que llevar con gentileza al lector de frase en frase como si fuera un frágil huevo, sin provocar sobresaltos que lo sacaran de la historia.

El último en comentar la obra de cada alumno era Tom. Que siempre era capaz de decir algo generoso.

El ambiente que reinaba era de competitividad amable. Si Monica hacía reír a todos, yo me proponía hacerlos reír todavía más la semana siguiente. En los entornos de grupo siempre se produce un fenómeno de polinización cruzada. No era raro que un alumno introdujera un perro entrañable en su relato y en las semanas siguientes todo el mundo incluyera en sus textos un perro entrañable. Por mucho que nos enseñara Tom, también nos enseñábamos los unos a los otros por medio de nuestras equivocaciones y aciertos.

Éramos lo bastante jóvenes y modernillos como para reconocer cuándo una idea literaria nueva ya estaba en la cresta de la ola de la cultura popular. Y poníamos en común los mejores consejos que nos daban sobre leyes fiscales y agentes literarios. Llevábamos años confiándole nuestras declaraciones de la renta a la misma gestora, una mujer especializada en encontrar vacíos legales ventajosos para pintores emergentes, músicos, escritores y otras modalidades de artistas con beneficios marginales.

La velada continuaba repitiendo el mismo patrón –alumnos leyendo y todo el mundo comentando– hasta que la gente estaba demasiado cansada para prestar atención. De vez en cuando sonaba el teléfono y estropeaba el ambiente de alguno de los relatos. Yo era inflexible en mi exigencia de que Tom desenchufara el teléfono, pero él se olvidaba, y el aparato siempre sonaba y saboteaba el clímax de algún nudo de trama perfecto. Habitualmente escrito por mí. A medida que los alumnos mejoraban, nadie quería leer después de ellos, de forma que Suzy Vitello, Monica Drake, Joanna Rose o yo solíamos hacer de presentadores.

Por último, Tom leía un fragmento de lo que estuviera escribiendo. A nadie se le permitía criticar la escritura de Tom, y tampoco nos atrevíamos. Era emocionante oír algo que sabíamos que pronto estaría en un libro de verdad. O que más tarde nos enteraríamos de que había sido desechado de un primer borrador. Era un poco como ver las escenas descartadas y secretas de una película.

Aplaudíamos a Tom y él se ponía a encender velas. Velas sobre la mesa. Velas en los estantes. Alguien repartía copas y todos abríamos las botellas de vino que habíamos traído.

A partir de entonces ya era una fiesta. Hablábamos de libros, pero sobre todo de cine, porque era más probable que varios de nosotros hubiéramos visto la película en cuestión. Debatíamos sobre *Thelma y Louise*. Sobre *Boogie Nights*. *Prêt-à-Porter* se nos comió una velada entera. Tom nos prestaba libros o nos decía qué leer. Libros de relatos de Amy Hempel, Thom Jones, Mark Richard o Barry Hannah.

Mientras se servía el vino, Tom se frotaba las manos de forma ruidosa y teatral y preguntaba: «A ver, ¿quién me debe dinero?». Pagábamos doscientos dólares en metálico por diez sesiones. Cuando íbamos justos de dinero, Tom aceptaba artículos para la casa. Se había mudado desde Nueva York y todavía le faltaban cosas. Me acuerdo de que Monica en concreto le llevó una lámpara... un jarrón...

El escritor Steve Almond declaró hace poco en *The New York Times Magazine* que los talleres de escritura podrían estar reemplazando a las drogas psicoactivas y convirtiéndose en la nueva terapia para las enfermedades mentales. A base de escribir, la gente presenta sus vidas como ficción y afronta sus problemas como ejercicio de estilo. A base de redimir a sus protagonistas, encuentran la redención para sí mismos.

Tom estaría de acuerdo. Con su método, denominado Escritura Peligrosa, animaba a los alumnos a que exploraran sus ansiedades más profundas, secretas y sin resolver. El proceso de escritura ofrecía la recompensa de resolver aquellos problemas, haciendo que la publicación y las ventas –si es que llegaban– fueran una bonificación menos importante. Para mí, los talleres tuvieron un propósito todavía más importante.

A lo largo de nuestras vidas, nuestras relaciones con los demás se basan en la proximidad. Asistimos a la misma escuela. Trabajamos en la misma empresa o vivimos en el mismo barrio. Y cuando cambian esas circunstancias, nuestras amistades se disuelven. Pero en casa de Tom, y en los talleres que he hecho desde el de Tom, mis amistades se han basado en una pasión compartida. En vez de la proximidad, es la pasión común por escribir y por enseñar nuestra obra lo que une a mis amistades, que sigue siendo básicamente el mismo grupo de gente desde 1990. Todas las semanas. Eso significa que nos hemos visto casarnos y tener hijos, y algún día nos veremos tener nietos. Algunos miembros del grupo han muerto. Han entrado en el taller amistades nuevas. Nos hemos visto los unos a los otros triunfar y fracasar.

En la década de 1990, cada jueves por la noche montábamos una fiesta. Y mientras que hasta entonces mis fiestas habían consistido en beber como un cosaco –fumar maría con la cachimba y beber cervezas de un trago para olvidar el aburrimiento de mi vida y mi trabajo–, aquellas otras eran fiestas que celebraban un futuro nuevo. Éramos jóvenes y brindábamos por nuestros héroes. Nuestros sueños iban a hacerse realidad. Íbamos a convertirnos todos en escritores.

PROCESO: EL BUEN ESCRITOR COMO MAL ARTISTA

Si vas a ser buen escritor, no tengas miedo de ser también un mal artista. Ray Bradbury pintaba. Truman Capote hacía collages. Norman Mailer dibujaba. Kurt Vonnegut dibujaba. James Thurber dibujaba. William Burroughs reventaba globos llenos de pintura con una escopeta.

Monica Drake, autora de *Payasa* y *The Stud Book*, pinta unas naturalezas muertas perfectas, al óleo, sobre tapas de enchufe. Las protege con varias capas de barniz transparente y así crea pequeñas y sorprendentes obras de arte con las que la gente entra en contacto a diario.

Plantéate que alguna forma de arte visual puede complementar tu escritura. Para recuperarte del mundo incoloro y limitado del lenguaje abstracto, dedica parte del tiempo a trabajar con colores y formas táctiles.

PROCESO: EL ESCRITOR COMO SHOWMAN

Si fuera tu profesor, te diría que sirvieras raciones dobles a tus lectores.

Según la lingüista Shirley Brice Heath, los libros que se convierten en clásicos son los que unen a la gente y crean una comunidad. Los libros de Tolkien, por ejemplo, son famosos por unir a lectores de mentalidad afín que los adoran.

A fin de crear esa comunidad, dales a los lectores más de lo que pueden asimilar ellos solos. Dales tanto humor o dramatismo o ideas o profundidad que se vean obligados a pasarle el libro a otros, aunque solo sea para tener a gente con quien comentarlo. Dales un libro tan fuerte, o una actuación tan espectacular, que se convierta en una historia que cuentan. En su relato de cómo han experimentado el relato.

Mi teoría principal vuelve a ser que digerimos la experiencia a base de convertirla en historias. El hecho de repetir la historia –sea buena o mala– nos permite agotar sus emociones sin resolver.

Si suministras a los lectores algo demasiado fuerte como para aceptarlo sin más, lo más probable es que lo compartan. La comunidad se forma cuando la gente se junta para explorar sus reacciones. Charles Dickens lo sabía. Mark Twain también. Un libro necesita una cara, y hasta los mejores escritores necesitan hacer de showman. Promocionar el libro forma parte de tu profesión, de forma que no tiene sentido odiar el proceso.

Encuentra alguna forma de amar todos los aspectos del trabajo de escritor.

En algún momento de mi chiquicentésima gira promocional, empecé a odiar las giras. Entre las noches de insomnio en los hoteles, los vuelos a primera hora de la mañana y la comida rápida de los aeropuertos, empecé a odiar a la gente con la que me encontraba en las giras. ¿Mi solución? Estoy convencido de que los gestos físicos son más poderosos que los pensamientos, de forma que estando en Phoenix, Arizona, le pedí al encargado de prensa de la editorial que parara en una tienda de la cadena Claire's y allí compré varias bolsas de coronas y diademas con piedras incrustadas.

Las dos partes más difíciles de los eventos promocionales son conseguir que el público te haga preguntas y después, cuando te llegan demasiadas y demasiado deprisa, detener el aluvión. Mi solución fue ofrecer una diadema por cada pregunta. La lluvia de preguntas empezó al instante. Obviamente, la cantidad de premios que yo tenía era limitada, de forma que las preguntas se terminaron con la última de las coronas. Lo mejor de todo es que me lo pasé en grande. No podía sentir odio y resentimiento por la gente al mismo tiempo que les regalaba diademas. El acto mismo de regalar algo me recompuso las ideas.

Fíjate, el secreto es engañarte a ti mismo para pasarlo bomba. Da igual que estés en una gira promocional por veinte ciudades o lavando platos, has de encontrar la forma de que te encante la tarea. De hecho, Nora Ephron me dijo un refrán budista, la primera y única vez en que la conocí en persona, pese a que llevaba leyendo su obra desde la universidad. En una ruidosa fiesta organizada por la editorial Random House en el restaurante Cognac, me dijo: «Si no puedes ser feliz cuando lavas platos, es que no puedes ser feliz» [«If you can't be happy while washing dishes, you can't be happy»].

La gente me escribía contándome que llevaba las diademas a la universidad. De forma que amplié mi repertorio a los brazos y piernas autografiados. Luego a las pelotas de playa fosforescentes. En Pittsburgh, durante la gira promocional de *Maldita*, el escritor Stewart O'Nan me dio diez chocolatinas

Nora Ephron

que aquella misma noche arrojé al auditorio. Fue un contraste magnífico al mero hecho de hablar. Me sentí de maravilla tirando cosas con todas mis fuerzas, de forma que empecé a comprar unos sacos enormes de chocolatinas y a tirárselas a la gente. Pocas cosas reflejan tan bien la transmisión de un buen chiste o una buena historia que contemplar la parábola que describe una chocolatina Snickers al volar por encima de las cabezas de un millar de personas y aterrizar en las manos de una sola.

Aquel truco me funcionó. Me volvió a encantar hacer eventos. Me pasaba todo el invierno preparando y enviando el attrezzo. Las muñecas inflables. Los pingüinos y los cerebros inflables. Para ser sincero, me gastaba una fortuna. Cada gran evento me costaba aproximadamente diez mil dólares, entre attrezzo, premios y envíos. Pero siempre le pedía al público que levantara la mano la gente que nunca había asistido a un evento promocional de un escritor. Y siempre era la mayor parte del auditorio, así que me parecía que valía la pena todo aquel alboroto para que la primera presentación de un libro fuera especial para aquellas personas.

No estoy seguro de si volveré a montar aquellos espectáculos, pero siempre me alegraré de haberlo hecho.

Además, si fueras alumno mío, te diría que convirtieras en historias las fotos de los lectores con el autor. Para la gira de *Pigmeo*, Todd Doughty, mi querido Todd, el mejor agente de prensa vivo, me ayudó a llevar a todas partes un trofeo gigantesco. Se desmontaba en varias secciones distintas, y antes de cada presentación me tocaba volver a montarlo en mi habitación de hotel, como un francotirador que monta su rifle de asalto. Y todo para poder pedirles a los lectores que lo sostuvieran al hacerse fotos. Y ya para siempre, cuando alguien viera las fotos resultantes, les preguntarían: «Pero ¿qué ganaste?».

Nuevamente, las fotos generarían una historia. Los eventos generarían una historia. Si yo hacía bien mi trabajo principal, el libro generaría una historia. Y la gente se juntaría para contarse historias sobre aquella historia. Por eso te pido que encuentres una manera de divertirte trabajando, y de darle a tu público algo de lo que no pueda parar de hablar.

PROCESO: APRENDER A BASE DE IMITAR

Un chiste habitual en el taller de Tom era que los alumnos seguíamos tan bien sus normas que todos terminábamos escribiendo cosas que sonaban a malas imitaciones de sus mejores obras. Suena a chiste, pero es verdad. Y debía de resultarle descorazonador oír aquella sarta de parodias involuntarias. Con aquella voz narrativa suya, pero usada por otros para a contar historias por las que él no sentía apego, exagerando los recursos narrativos hasta el punto de la farsa: tenía que ser devastador.

Pero era natural. La mayoría habíamos empezado a escribir imitando a Fitzgerald o a Hemingway. Yo me había leído y releído los cuentos de Dorothy Parker hasta que su sarcasmo me había salido natural. Ahora nos dedicábamos a copiar a Tom, y los mejores de nosotros terminaríamos combinando elementos de su estilo con lo mejor de lo que habíamos tomado de otros escritores. Añadiríamos algunos trucos que habíamos descubierto por nuestra cuenta y así crearíamos una voz única. O más o menos única. Un híbrido.

Lo importante es que la imitación constituye una forma natural de aprender. En los años dorados de Gordon Lish, cuando daba clases en Columbia, trabajaba de editor en Knopf y dirigía la revista literaria *The Quarterly*, se lo conocía como el Capitán Narrativa. Sus mejores alumnos eran los escritores jóvenes más prometedores de América. Y aquellos escritores escribían obedeciendo sus exigencias, y le dedicaban sus obras, públicamente, a «A Q.», es decir, a Lish, y eran una fuerza de la naturaleza. El ejército imparable de Lish.

Imparable hasta que lo pararon. Escribiendo para *The New Republic*, el crítico Sven Birkerts llamó la atención sobre el hecho de que todos los grandes y jóvenes minimalistas escribían de forma muy parecida. En primera persona, usando un presente en marcha constante y por medio de percepciones en miniatura. Birkerts tenía razón, y de pronto el resplandeciente edificio del minimalismo dejó de parecer el futuro.

Igual que pasó de moda la chick lit... En cuanto un estilo o un género se copian demasiado, la fatiga de los lectores lo liquida.

Así que no, la idea no es seguir todas las reglas que te pongamos Gordon ni Tom ni yo, al menos no para siempre. Pero va bien empezar con unas cuantas reglas. Aprender unas técnicas obligatorias. Después ya podrás ir por libre, y si tienes suerte y éxito, una nueva generación de aspirantes a escritores copiará tu estilo y le sacará todo el partido posible a esa voz tuya que tanto has perfeccionado y que tanto te ha costado.

PROCESO: CREA TU INFRAESTRUCTURA

Incluso cuando no se te ocurra nada que escribir, puedes hacer el trabajo del escritor.

Cuando estés sin ideas, construye la infraestructura que necesites. Uno de los mejores regalos de Navidad que me han hecho nunca es una robusta perforadora de papel capaz de perforar veinticinco o treinta páginas a la vez. Empecé mi carrera en la época de los manuscritos en papel, y sigo prefiriendo enviarle mi primer borrador completo a mi agente y a mi editor en copia física. Lo cual significa tener suministros de tinta de impresora y material para encuadernar. Con el tiempo también necesitarás sobres grandes para los contratos. Y un archivador para los trabajos inacabados.

No hay sistema digital de almacenamiento que no falle. Chelsea Cain es la escritora que conozco que más domina la tecnología, y aun así perdió una novela casi terminada. No la pudo encontrar ni en la nube ni en ninguno de los correos que se había enviado a sí misma a modo de copia de seguridad. Terminó mandándole su disco duro a una empresa especializada en recuperar datos perdidos para el ejército, y ni siquiera allí le pudieron encontrar el libro perdido. Mi técnico me dice que hasta los lápices de memoria estropean o pierden a menudo la información. De manera que necesitas alguna forma de imprimir y archivar tu trabajo.

Necesitas un sistema para organizar los recibos para desgravar. Haz como si fueras una pareja que está a punto de casarse y confecciona una lista de las herramientas y suministros que necesites. Una especie de lista de regalos. Y mándasela a tus amigos y tu familia. Es mejor que te regalen una buena grapadora y varias cajas de grapas que un perfume que enseguida volverás a regalar. Haz saber a la gente lo que estás haciendo, y así les permitirás que te ayuden.

En serio: no te imaginas cuánto quiero a mi perforadora de tres agujeros. Y al archivador de cuatro cajones que encontré usado por cinco dólares. Y al «escritorio de secretaria» de 1960, en forma de L y pintado con esmalte de color aguacate, que compré por cincuenta pavos. Es tan grande que solía llenar la mitad de mi apartamento. Una amiga vio el poco espacio que le quedaba a mi cama y me comentó: «Tienes el único dormitorio con recepcionista que he visto en la vida».

Sí, todo esto es muy pedestre. Pero consigue buena iluminación para el trabajo. Desarrolla un sistema para organizar tus libros y tu material de oficina. Gestionar la correspondencia en papel no te supondrá ningún engorro si estás bien aprovisionado de cajas, sobres, precintadores y tienes una mesa que dedicas a trabajar en ello. Si vas sumando y reuniendo tus recibos de forma habitual, tampoco te agobiará presentar la declaración de la renta.

Ser escritor es más que el mero hecho de escribir. Ya te llegará la siguiente gran inspiración, pero hasta que llegue… limpia tu mesa. Recicla los papeles antiguos. Haz sitio para eso que ha de llegar a tu cabeza.

Tom organizaba lecturas en público. Habitualmente en cafeterías, y una vez en el Common Grounds del Southeast Hawthorne Boulevard de Portland, una velada para la que se agotaron las entradas; de hecho, vino tanto público que la camarera, viéndose sola, nos dio uniformes a Tom y a mí y estuvimos sirviendo mesas y lavando platos mientras los demás leían. En el mismo Hawthorne Boulevard estaba el Café Lena, que montaba noches de micrófono abierto todos los martes.

Piensa en esas veladas ya consolidadas y abiertas a todo el mundo, y piensa que lo contrario de leer no es escuchar. Es la impaciencia borrachuza y los aplausos corteses de un centenar de poetas que esperan su turno para leer. Era allí donde la gente encontraba su dosis regular de atención. Cada semana se montaba una trampa que atrapaba a los mismos escritores. Nunca llevaban su obra a un mercado más grande.

De todas las lecturas que organizó Tom, me viene a la cabeza una noche brutal. En un bar de deportes, nos turnamos para subirnos a la mesa de billar y vociferar nuestros relatos por encima del ruido de las máquinas de pinball y de los partidos televisados de fútbol americano. Los bebedores hablaban al mismo tiempo que nosotros. Uno de los autores que leían, Cory, la dulce Cory, con sus gruesas gafas, se echó a temblar mientras leía la historia de un sobrino suyo que había muerto de leucemia infantil. Le caían las lágrimas por sus pecosas mejillas. Los borrachos gritaban a los televisores, ajenos a todo. Eran bebedores de cerveza de esos que juegan a las máquinas de póker. A nadie le importaba un carajo el trabajadísimo striptease emocional que estábamos haciendo sobre la mesa de billar.

Llegó mi turno, y leí un relato sobre camareros que se mean en la comida antes de servírsela a sus clientes ricos, un texto que se terminaría convirtiendo en el capítulo 10 de *El club de la lucha*. Cuando llegué al final, alguien había bajado el volumen de los televisores. Ya nadie jugaba al pinball. ¿Qué puedo decir? Me los gané con un relato grosero sobre meados y pedos. Me estaban escuchando, lo bastante como para reírse.

PROCESO: LA PIRATERÍA

Hace unos años, el asistente de Todd Doughty, mi querido Todd, el mejor agente de prensa vivo, decidió volver a la universidad y hacer un máster de escritura para la televisión. El joven se apuntó a Columbia, y en su primer día de clase le mandó a Todd una fotografía del libro de texto asignado al programa.

¿Y cómo se titulaba? *Consejos de Chuck Palahniuk para escribir.* El libro contenía una serie de artículos que yo había escrito para la página web de Dennis Widmyer, The Cult. Años atrás, el hecho de que la página se centrara en mí me resultaba agotador, de manera que intenté suministrar contenido que desviara la atención de los visitantes hacia el oficio en sí de escribir. En total, escribí unos treinta y pico artículos, que la página mantuvo detrás de un cortafuegos para que solo los pudieran leer los suscriptores. Nadie ganaba dinero con ellos. En cualquier caso, ahora habían sido liberados. La universidad los había descargado, imprimido y encuadernado, poniéndoles un título y una portada que yo nunca había querido, y cobrando a los alumnos por su uso.

No hablo de ninguna página web pirata rusa, hablo de la Universidad de Columbia, en Nueva York.

El descubrimiento me halagó y me frustró a partes iguales, y me llevó a hacer lo que siempre hago en esas situaciones donde nadie gana: empecé a sembrar la historia. Me dediqué a introducir el tema en mis conversaciones con otros creadores que dependían de los ingresos por royalties que generaba su trabajo.

Un día cené con Neil Gaiman en Mantua, Italia, donde su hija se estaba graduando en un programa universitario. Se le veía resignado con el asunto de la piratería, pero también esperanzado: Gaiman me sugirió que, si a alguien le encanta la obra de un autor, si le encanta de vedad, se la terminará comprando. Sugirió que quizá los países donde la piratería era rampante tenían unas economías terribles. Cuando esas economías mejoraran y los lectores dispusieran de más ingresos, empezarían a comprarse los libros que les gustaban. Gaiman comparaba el libro pirateado gratuito con la primera dosis gratis de heroína que, con suerte, creará una adicción para toda la vida. Me aconsejó tener paciencia. Las pérdidas que implicaba la piratería eran un coste más del negocio.

Me acordé de esto en Toronto, donde un hombre muy alto con la cabeza afeitada me trajo una copia descargada de *Asfixia*, impresa en papel de impresora de tamaño estándar y encuadernada con piquetes de tornillo. Con un fuerte acento, me explicó que en Rusia mis libros y los de Stephen King eran los más populares, pero que a nadie le hacía falta comprárselos. Luego se puso en la cola y se negó a salir de ella hasta que le autografiara su «libro».

Aquello me parecía una economía falsa.

A menos que en Rusia también fueran gratis la tinta de impresora, el papel y la encuadernación, lo más seguro era que aquel hombre hubiera pagado más por crear su versión que lo que habría pagado por un libro impreso comercialmente. Una ironía a la que me respondió encogiéndose de hombros. Más recientemente, una pareja de Ucrania me contó lo mismo. Me explicaron que habían visto vagones de metro llenos de gente que había imprimido sus propias copias de *El club de la lucha*. Cuando les menciono esto a mis amigos artistas, se limitan a negar con la cabeza.

Por mal que lo tengan los escritores con la piratería, a los creadores de cómics también les han asignado su círculo especial en el infierno.

Las convenciones de cómics están plagadas de artistillas de medio pelo que les venden a los fans láminas de Hellboy o de Pantera Negra. Son versiones dibujadas por aficionados, mal hechas y mal impresas. Cuestan cinco dólares. Y, por supuesto, no están firmadas. De manera que los compradores se las llevan a la Zona de Artistas para que el creador/propietario real del personaje les firme la obra, dándole un valor genuino. Cuando el artista se atreve a señalar que Kabuki no tiene una mano más grande que la otra, o que Cassie Hack nunca copularía en esa posición con un burro –sí, hay toda una industria que se dedica a representar a los superhéroes en actitudes sexualizadas y a intimidar después al creador para que estampe su aprobación–, cuando el creador no lo ve claro, entonces es cuando llega la sangre al río de la Comic-Con.

Cuando el creador se niega a firmar la imitación de cinco dólares, el coleccionista estalla y acusa al creador de ser un capullo egoísta. Un gilipollas rico y avaro que exige una fortuna por su obra, unos precios que no se puede permitir ningún fan de clase trabajadora. Espoleado quizá por la vergüenza –porque sí, lo han engañado para que compre una falsificación mala, y le da vergüenza que le señale esto alguien a quien admira–, el aspirante a coleccionista tiene una pataleta. El creador, que solo está intentando proteger su forma de ganarse la vida, así como el valor de la obra que ha vendido a otros, es acusado, avergonzado y escarnecido, tanto en persona como en internet. De manera que no solo te toca ver a tu Batman practicando sexo oral con tu Robin, sino que encima te pintan de malo por no reírles la broma y autografiársela.

No, nada de todo esto es una respuesta satisfactoria, pero por lo menos reconforta.

Durante mucho tiempo, si alguien quería comprar mis libros o los de Salman Rushdie en el Barnes & Noble de Union Square, en Nueva York, tenía que pedirlos en el mostrador de las cajas registradoras. Sí, como los cigarrillos en las tiendas de barrio. Si los dejaban desprotegidos, la gente robaba mis libros. Los de Salman se los llevaban a los lavabos públicos y los embutían en el retrete. En Barnes & Noble ya se habían cansado de los ladrones y de tener que desatascar retretes embozados, así que los habían puesto detrás de las cajas.

Consuela un poco saber que el poema «El cuervo» de Edgar Allan Poe fue una de las obras más leídas del siglo XIX. Fue las *Cincuenta sombras de Grey* o el *Harry Potter* de su época, pero se calcula que Poe ganó unos ciento veinte dólares con él. Ese fue su pago inicial, y el único que recibió. Luego un ejército de impresores sin escrúpulos se dedicó a reproducir sin parar el poema sin pagar ni un centavo de regalías. También Shakespeare tuvo que lidiar con los taquígrafos que asistían a sus obras, apuntaban los versos a ritmo febril y vendían las obras pirateadas y plagadas de errores taquigráficos.

Fue esta inundación de obras no autorizadas de Shakespeare lo que causó que bajaran los precios a un penique, según cuenta el libro *The Stealth of Nations*. Y es probable que fuera ese precio de un penique lo que facilitó que las obras siguieran siendo populares y preservó a su autor en el gusto del público durante tantos siglos.

Sin piratería, quizás habríamos olvidado a Shakespeare hace mucho.

Parece que el difunto George Romero estaría de acuerdo. Hace unos años coincidí con él en la ZombieCon de Seattle. Hablamos de cómo la American International había distribuido su clásico *La noche de los muertos vivientes* sin registrar los derechos de autor en las copias de la película. Así pues, la obra pasó inmediatamente al dominio público. Cualquiera que tuviera una copia podía proyectarla sin pagar nada. En los primeros años del VHS fue la película más vendida porque el precio no incluía regalías. Romero jamás volvió a ver ni un centavo por su obra maestra en blanco y negro.

Ahora que lo veía con perspectiva, no estaba descontento. La pérdida de los derechos de autor había mantenido la película en circulación constante. Entre su estreno inicial en cines y su salto al formato vídeo, nunca había dejado de ser proyectada en sesiones de medianoche. Según me contó Romero, había dado los bastantes beneficios como para cubrir los costes de producción. Y la popularidad de la película le reportó a su director una fama imperecedera. Le dio la reputación que atraería la financiación para sus películas siguientes. Por todo esto, ahora Romero le quitaba importancia a la pérdida de los derechos de autor. Si la película no hubiera triunfado en el dominio público, quizás habría terminado siendo un director de una sola película. Lo que por entonces había parecido un desastre quizás hubiera acabado salvando su carrera.

Los cartógrafos incluyen pueblos falsos en los mapas que crean. De esa manera, si encuentran un mapa publicado por una editorial distinta, pero donde figura el mismo pueblo falso, saben que es una copia y pueden emprender acciones legales. Con esto en mente, puedes plantar en tu texto algún nombre o expresión irrepetibles para que, cuando los busques en internet, hagan salir a la luz todas las páginas de internet donde está disponible tu obra. Este consejo me lo dio el legendario escritor Parker Hellbaby.

Puede que no sea la respuesta que quieres oír, pero si fueras alumno mío te diría que de momento esto es lo que hay.

POSTAL DE LA GIRA

El que queda al final de todo siempre es un peligro. Se queda rondando mientras la cola de las firmas se estira, serpentea y mengua. Puede que desaparezca de tu vista, pero no se ha ido. Los libreros se le acercan y le preguntan si está buscando algo en concreto, pero él les hace un gesto para que se vayan. Les dice que solo está mirando. El espécimen típico lleva un manuscrito en la mochila. Desde el pleito de Art Buchwald por *El príncipe de Zamunda* –búscalo–, a todos nos aterra tocar un manuscrito. El escritor especialmente nervioso lleva siempre encima una caja y la deja a una distancia segura. Luego, cuando el rezagado saca el manuscrito, el escritor finge entusiasmo y le pide que deje su «obsequio» en la caja. Cuando todo el mundo se ha ido, el escritor de gira le pide a la gente de la librería que tire la caja a la basura. Todos los presentes son testigos de que el escritor nunca ha llegado a tocar la obra no solicitada.

Fue Douglas Coupland, autor de *Generación X* y de muchos buenos libros más, quien me habló de los armarios para televisores. Antes de que se inventaran los televisores de pantalla plana, los televisores de los hoteles estaban escondidos dentro de unos armarios falsos. Era un cliché tan clásico que mi agente me dijo una vez que *armoire* en francés significaba «lugar para esconder el televisor». Coupland me explicó su otro propósito secreto. Aquellos armarios nunca llegaban al techo, pero sí eran demasiado altos como para que la mayoría de las doncellas se molestaran en limpiar la superficie de encima. Como resultado, todo autor de gira al que le regalan manuscritos o memorias autoeditadas o cualquier cosa demasiado grande o pesada para llevarla en la maleta durante las semanas siguientes, todos esos regalos bienintencionados, el autor los deja escondidos encima del armario del televisor. Un destino más amable que tirarlos a la basura.

A petición de Coupland, empecé a mirar encima de los armarios. Y allí estaban, todos cubiertos de polvo. Libros de arte caros. Jerséis tejidos a mano. Detalles bonitos dedicados a los nombres más famosos de la literatura y abandonados en el mar de los Sargazos de las giras promocionales. Igual que los objetos cubiertos de telarañas en la tumba de un faraón.

Otras veces, el Rezagado de la Cola te da algo menos inocuo.

En Portland, al acabarse la cola en la Primera Iglesia Congregacionalista, un joven se acercó y se puso a repartir fotos Polaroid. Las echó encima de la mesa que yo tenía delante. La mayor parte eran fotos de viejos dormidos. Algunas eran de mujeres, jóvenes pero demacradas. Todas estaban posando, con los ojos cerrados, tumbadas de lado con la cabeza sobre la misma madera contrachapada pintada de blanco. El tipo me explicó que trabajaba en una popular librería para adultos. Y que tenían una cámara Polaroid lista para fotografiar a la gente a la que prohibían la entrada. A modo de ejemplo, tiró sobre la mesa una foto de un sonriente treintañero con impermeable. Debajo de su sonrisa había escrito con rotulador permanente: EL DEGUSTADOR.

El Degustador se parecía a la mitad de los programadores de software y diseñadores de juegos que yo conocía. Podría haber sido perfectamente mi cartero o un director de sucursal de banco.

Tenía prohibida la entrada, me explicó el Rezagado, porque los empleados no paraban de encontrarlo a cuatro patas, lamiendo el suelo de las cabinas de porno.

«Chaval… no digas que no te avisé».

–¿Y qué le pasa a toda esa gente dormida? –pregunté, refiriéndome a los viejos y las mujeres jóvenes tumbados con los ojos cerrados.

–No están dormidos –me dijo el Rezagado de la Cola–. En el cambio de turno tenemos que ir a comprobar todas las cabinas de porno, y siempre que los encuentro les hago una foto –añadió–. Antes de llamar a la ambulancia.

Cuando los miré con más atención, vi que estaban pálidos. Tenían la cara distendida. La madera contrachapada blanca era una pared o partición sobre la que habían caído de costado.

–Están muertos –me dijo.

Viejos que habían sufrido ataques al corazón o derrames cerebrales mientras se masturbaban. O bien trabajadoras sexuales que se habían sentado para chutarse en una cabina y habían sufrido una sobredosis. Había tantas fotos que el hombre había empezado a desplegarlas en varias filas sobre la mesa alargada. Una galería de Los Ángeles lo había invitado a exponerlas, me contó con orgullo. Desplegadas por las paredes en una sola hilera al nivel de los ojos, podrían llenar todo el espacio de una galería.

Muchas giras después de aquella noche, di una charla en una librería de la cadena Chapters en Toronto. Les conté la historia de las Polaroid y una mujer del público gritó: «¿Es la librería Fantasy de Northeast Sandy con la Treinta y dos?». Lo era. Para regocijo de todos, gritó: «Yo a ese tío lo conozco. ¡Yo trabajaba allí *fregando la lefa del suelo*!». Era canadiense, explicó la mujer, y como tenía que currar en negro, era el único trabajo que le había salido.

En este mundo cada vez más pequeño. Durante el resto de mi vida, solo tendré que cerrar los ojos y seguiré viendo esas caras muertas.

Otra vez en San Francisco, el Rezagado de turno hizo toda la cola hasta el escenario del Castro Theatre. Un hombre rubio con traje de ejecutivo y aspecto completamente normal. Pero no lo era. Llevaba sus partes al aire. No era solo que se acabara de bajar la bragueta y se la hubiera sacado. En el momento que tardé en conocer a la persona que tenía delante y firmarle el libro, el Rezagado se quitó toda la ropa, de los zapatos a la corbata. Una vez desnudo, se puso a reprenderme.

–¿Te crees muy extravagante, verdad? ¡Pues venga, fírmame esto!

Y puso sobre la mesa su polla de color rosa pálido.

Me vino a la cabeza el relato de Truman Capote: «No, pero puedo poner mis iniciales…». Pero la sonrisa del Degustador no era fácil de olvidar, y yo me había vuelto asustadizo. Un librero me había contado una vez que una lectora le había pedido un beso al actor Alan Cumming mientras estaba de gira. El beso estableció un precedente como el de la mancha de sangre de Stephen King, y Cumming terminó besando a cientos de lectores aquella noche.

Me imaginé aquel pene colgado en Instagram y firmado por mí. Es ridículamente difícil escribir sobre la piel, y todavía más cuando se trata de la piel arrugada y flácida del pene. La gente se olvida de que mi trabajo es escribir libros, no autografiar miles de penes. Me negué respetuosamente.

Nada podría haber hecho más feliz a aquel Rezagado. Me dijo en tono cortante:

–Ya sabía yo que eras un farsante –fue su salva de despedida.

Lo cual me lleva a East Lansing, Michigan, y a tres chavales de instituto que esperaron hasta que se terminó una cola de autógrafos, a la una de la madrugada. Mi vuelo salía de Detroit al cabo de seis horas, y todavía tenía que volver a mi hotel en Ann Arbor, pero venían a hacerme una súplica. Un amigo suyo había ido a por pizzas hacía unos días. Un conductor borracho había embestido su coche de costado, matando a los amigos con los que iba y mandándolo a él a cuidados intensivos. Aquellos tres me preguntaron si podía pasar por allí a continuación, a la una o las dos de la madrugada, y saludarlo.

Y no, no autografío penes, pero sí que fui a aquel hospital, donde reinaban el mismo silencio y la misma penumbra que en todos los hospitales a aquella hora. El chaval tenía una melena negra a lo Trent Reznor, aunque casi todo lo demás estaba tapado por las vendas y las escayolas. Su madre estaba sentada junto a la cama. El chaval no murió; de hecho, lo vi en otra gira, ya más crecido. Se había cortado el pelo.

Cuando llegué y me senté y me puse a charlar con él, su madre salió al pasillo, desde donde aún puedo oírla llorar.

UN PAR DE ESTRATEGIAS INFALIBLES PARA VENDERLES LIBROS A LOS AMERICANOS

Si fueras alumno mío, sabría lo que quieres: una fórmula garantizada para tener éxito.

Y me encantaría dártela, pero entonces la usaría todo el mundo, y... La chick lit fue una espectacular puerta al éxito. Desde *Sexo en Nueva York* hasta *El diario de Bridget Jones*, las ventas fueron tan sólidas que el mundo editorial llegó a cambiar su terminología. Históricamente, en inglés las siglas S.F. siempre habían significado «ciencia ficción», pero después del éxito de libros como *Loca por las compras* y *El diablo viste de Prada* pasaron a ser las siglas de «shopping & fucking», ir de compras y follar. Toda autora y editora con ambiciones se lanzó al mercado con algún proyecto con cubiertas de color rosa, algunos no tan buenos como los clásicos pioneros, y otros directamente terribles pero deseosos de aprovechar el momento, hasta que el mercado inundado de chick lit se ahogó y murió.

En resumen, si te cuento alguna fórmula infalible, terminará yéndose a pique por exceso de uso.

Aun así, te hablaré (entre nosotros) de un par de estrategias comprobadas que parece que a los lectores americanos siempre les encantan. Llamémoslos «Planes para Gañanes», ¿de acuerdo?

El primero es que el clásico superventas americano suele tener tres personajes principales. Uno de los personajes sigue las normas, es tímido, agradable y un buenazo en líneas generales. El segundo personaje viene a ser lo contrario: un rebelde que intimida a los demás, rompe las normas y siempre está acaparando la atención. Y el tercero es callado y reflexivo y hace de narrador que cuenta la historia a los lectores.

El personaje pasivo se suicida de alguna manera.

El rebelde es ejecutado de alguna manera.

Y el testigo reflexivo abandona las circunstancias del relato, más sabio después de haber visto el destino de los otros dos personajes y preparado para comunicarle al mundo su historia con moraleja.

No te rías. Se puede decir que los libros americanos que más vendieron en el siglo XX siguieron esta fórmula.

En *Lo que el viento se llevó*, la modesta Melanie Wilkes sabe que es probable que muera si trata de tener una segunda criatura. Sin embargo, tal como dice en tono extasiado: «Pero Ashley siempre ha querido una familia grande…». Así pues, adivina quién muere en el parto. En *El valle de las muñecas*, la hermosa y obediente Jennifer North es una corista, poco más que una percha despampanante que manda el dinero que gana a su dominante madre. Cuando el cáncer de mama amenaza con cambiarle el físico, ingiere una sobredosis de barbitúricos. En *La semilla del diablo*, Terry Gionoffrio se tira por una ventana, mientras que Edward Hutchins, el personaje que dice la verdad, es asesinado por el aquelarre de brujos.

Nota: Edward «Hutch» Hutchins también es la «pistola» de la novela. Se lo mantiene con vida, lejos de la pantalla, en coma y prácticamente olvidado, y solo recobra la conciencia un momento para transmitir una información crucial antes de morir. Su información pone en marcha el proceso de descubrimiento en el tercer acto. Un recurso un poco torpe, sí, pero funciona.

En todos los casos, el suicidio del personaje pasivo desencadena la ejecución del rebelde.

Que a veces no es una ejecución literal. Sobre todo en el caso de los personajes femeninos. Scarlett O'Hara termina desterrada, víctima del desprecio de su marido, su familia y su comunidad. Su hija muere y a ella la exilian en pleno momento de desesperación. Asimismo, Neely O'Hara, personaje de ficción que ha adoptado el apellido de su personaje de ficción favorito (muy meta, señora J. Susann) también es condenada al ostracismo. No solo la han rechazado todos sus maridos, sino también Hollywood y Broadway. Es una vieja gloria adicta al alcohol y las drogas que luchó para ganarse el amor del mundo entero pero que termina despreciada por todos.

Piensa también en *El club de los poetas muertos*, donde el obediente hijo del médico se pega un tiro. El profesor poco ortodoxo es exiliado, y el estudiante callado y observador queda como testigo de ambas lecciones.

En *Alguien voló sobre el nido del cuco*, el narrador es mudo durante gran parte del libro y se limita a observar, antes de escaparse del manicomio para contar la historia. Rhett Butler deja atrás las caóticas vidas del clan O'Hara y regresa a Charleston. La testigo Anne Welles de *El valle de las muñecas*, tan plácida y ansiosa por aprender, abandona Nueva York para regresar a la Nueva Inglaterra que tanto había luchado por dejar atrás. Por lo menos en la película. Y Nick Carraway deja las tierras de Long Island para regresar al Medio Oeste de su infancia.

Y no te imagines que yo dejaría pasar una estructura que gusta tanto al público. Puede parecer que *El club de la lucha* solo tiene dos personajes principales, Tyler y el narrador. Pero aun así el buenazo del narrador se suicida. Y el malote rebelde también es ejecutado. Y ambos elementos se integran para crear un tercero, el testigo sabio que queda con vida para contarnos lo sucedido.

¿La lección? No seas demasiado pasivo. Pero tampoco seas avasallador. Mira y aprende de los extremos ajenos. Ese es nuestro sermón americano favorito. ¡Y anda que no vende libros!

Presentar la segunda fórmula infalible resulta un poco más... delicado.

Los americanos somos voyeurs por encima de todo. Somos una nación de mirones a quienes nos encanta por encima de todo ser testigos de la miseria ajena. Sobre todo si ese acto de mirar nos hace pensar que estamos haciendo una buena obra. Y necesitamos creer que ese conocimiento que obtenemos mirando no consiste solo en convertir la miseria humana en entretenimiento, sino también en mejorar el destino de la humanidad.

Hace años, mi editor me puso en contacto con una editora de la revista *Harper's*. Es lo que hace un buen editor: intentar ponerte en contacto con gente como Bill Buford y Alice Turner, que te pueden encargar artículos o comprarte relatos, aumentando de esa forma tu visibilidad y haciendo crecer tu número de lectores. Así pues, mi editor me presentó a Charis Conn, que llevaba la sección «Sojourns» de *Harper's*. Como miembro fiel de la Cacophony Society, yo siempre estaba haciendo espeleología urbana y Masacres de Santa Claus, y cualquiera de esas aventuras tarambanas parecía buen material para aquella sección.

En una de nuestras primeras reuniones para presentarle mis ideas, Conn me avisó: «Nada de redenciones». En tono muy severo, me explicó que había entrado un nuevo redactor jefe y que había emitido el edicto de que ningún relato de la revista podía terminar con una redención. Di por sentado que aquel redactor jefe debía de ser un cínico cascarrabias. Ahora sospecho que simplemente era un juez experimentado de lo que quiere leer la mayoría de los americanos.

Mira, por ejemplo, *Las uvas de la ira*. La familia Joad pierde su granja. Emigra penosamente al Oeste. La generación mayor muere durante el trayecto y es enterrada de forma ignominiosa. Los demás pasan hambre y son maltratados por abogados e intermediarios que estafan a los trabajadores. La familia se deshace y la generación siguiente muere y es tirada al río; ni siquiera enterrada, sino arrojada a la corriente para vergüenza del mundo.

Es lo que explica Horace McCoy en *Danzad, danzad, malditos*. A la gente le reconforta la miseria ajena. Y a finales de la década de 1960 y en la de 1970, con la guerra de Vietnam y el Watergate y la estanflación y el embargo de petróleo, los americanos se decantaron por las historias de misiones que terminaban en fracaso. He oído que lo llaman «fatalismo romántico». En películas como *Rocky*, *Fiebre del sábado noche*, *Cowboy de medianoche* y *Los picarones*, vemos gente que parte con optimismo hacia una meta. Trabajan duro y hacen todo lo que pueden. Y, aun así, pierden.

A la gente le encanta ver sufrir y fracasar a los demás. Quizás esta atracción por el fracaso explique por qué el género de terror estuvo tan en boga en aquella misma época. Desde *La semilla del diablo* hasta *La profecía*, pasando por *La centinela*, *Pesadilla diabólica* y *Las poseídas de Stepford*, vemos a gente inocente maltratada y destruida por fuerzas siniestras que escapan a su comprensión.

La fórmula se somete a pequeñas variaciones, pero sigue siendo pornografía del sufrimiento ajeno.

Compara la película de 1976 *Carrie* con la de 2009 *Precious*. En las dos, una chica con sobrepeso (en el libro Carrie es gorda) que va al instituto convive con una madre maltratadora. Las dos chicas son atormentadas por sus compañeras de clase. A ambas las han abandonado sus padres. A las dos las fuerzan a comer: la madre de Carrie White le dice que coma y que los granos que le provoca el pastel son la forma que tiene Dios de castigarla; la madre de Precious le manda que coma y punto.

La principal diferencia entre las dos historias es que Carrie White pone en juego un poder especial que le permite matar a sus maltratadores, incluyendo a su madre. Y el estrés que eso le provoca hace que le falle el corazón.

En cuanto a Precious… se queda embarazada dos veces de su padre, da a luz a una hija con síndrome de Down, su madre le pega y la insulta, se contagia de sida, es humillada y vomita pollo frito en un cubo de basura. Pero su poder especial es… que aprende a leer.

Nota importante: para vender cien mil libros más, has de mostrar a una persona blanca que enseña a leer a una persona negra. La gente blanca a quien le encanta leer cree que a todo el mundo le tiene que encantar leer. Además, mostrar a un personaje analfabeto alimenta el ego de los lectores. Es la forma idónea de hacer que tu lector se sienta superior y por tanto le tome simpatía al personaje. Tanto en la película *Fama* como en *Paseando a Miss Daisy* o *El color púrpura*, enseñar a leer a una persona negra es un truco argumental que nunca, nunca pasa de moda.

Así pues, si fueras alumno mío te diría que hagas sufrir a un personaje que despierta simpatía, y que luego lo hagas sufrir más y sufrir cosas peores, que evites que el lector se sienta cómplice con los maltratadores y luego… fin. Nada de redención. A la gente le encantan esos libros.

Luego te diría lo contrario. No perpetúes el estado de las cosas. Haz que Nick Carraway les grite a Tom y a Daisy: «¡Sois escoria humana» y «¡A Myrtle la mató Daisy!». Haz que Jay Gatsby salga de un salto de su piscina y empuñe su pistola. ¿Qué es esa obsesión que tenemos con la derrota? ¿Por qué las narraciones de la alta literatura terminan siempre mal? ¿Serán la destrucción de la comedia griega y la obsesión de la Iglesia cristiana por la tragedia? Si hubiera más escritores que apostaran por las resoluciones que rompen los paradigmas, ¿acaso habría menos suicidios y adicciones entre los escritores? ¿Y entre los lectores?

Por encima de todo, te diría que no uses la muerte para resolver tu historia. Tu lector tiene que levantarse de la cama al día siguiente e ir a trabajar. Matar a tu protagonista –y no estamos hablando de un sacrificio en el segundo acto– es la forma más barata de resolución.

POSTAL DE LA GIRA

Margaret Buschmann fue la primera con quien lo hice. Lo hicimos un sábado, aprovechando que no había nadie en el edificio. En un pequeño despacho de la primera planta de la sede de Camiones Freightliner, donde trabajábamos los dos. Había una pantalla abatible que podíamos usar como fondo, y Margaret se trajo su cámara. Hacía calor, era una tarde calurosa de agosto. Siempre habíamos dicho en broma que si yo vendía un libro lo haríamos. Así que nos colamos cuando el edificio estaba vacío y lo hicimos.

Margaret me hizo mi primera foto de autor.

Las reacciones adversas no se hicieron esperar. Por lo que a mí respectaba, el año 1995 seguía siendo los ochenta, de manera que me puse un jersey de algodón a rayas con cuello de cisne. Al estilo del Mort de las tiras cómicas de los chicles Bazooka. Un jersey grueso y acanalado que me llegaba a la barbilla. Y lo llevaba por encima de una sudadera negra con capucha, de manera que la capucha asomaba del cuello de cisne del jersey. ¿He mencionado la temperatura? En cuanto Margaret puso las luces, empecé a sudar a mares. No paraba de mirarme y decir: «¿Seguro que quieres ponerte eso?».

Mi peinado era una versión del tristemente célebre flequillo de rastrillo de los años ochenta, y el sudor me lo pegaba a la frente, obligándome a atusármelo todo el tiempo. Le dije que estaba bien. Me dijo que no se me veía muy relajado. Discutimos.

Aquel rito de paso que yo llevaba tanto tiempo esperando con expectación, la foto de autor, se convirtió en un triste calvario. Durante la gira promocional de la edición en tapa dura de *El club de la lucha*, un entrevistador miró la foto de la sobrecubierta y me dijo: «¿De qué vas disfrazado aquí? ¿De astronauta?».

Un año más tarde, para la edición en bolsillo, mi editorial me pidió que cambiara la foto. La nueva me la hizo una amiga en mi jardín, con las canna Pretoria florecidas de fondo. En vez de un jersey de cuello de cisne, lo que ahora escondía mi secreto era el cuello levantado de un chaquetón de borreguillo, pero ya volveremos a eso.

La foto de autor. Por lo general es un simple retrato de la cara del autor y nada más. Aunque hay excepciones. Piensa en la provocadora foto que usó Truman Capote para *Otras voces, otros ámbitos*. Aparece reclinado en un diván y dirigiéndole a la cámara una mirada de «Ven aquí», como una Lolita masculina. Recibió más atención la foto que el libro en sí.

Una amiga, la autora Joanna Rose, llevaba años organizando eventos en la librería Powell's y me avisó de que una foto de autor demasiado atractiva llevaba a años enteros de decepcionar a la gente cuando te veía. A modo de ilustración, una vez aparecí en el Festival Internacional de las Artes de Galway. En los camerinos, eché un vistazo al programa. Había una foto que me dejó sin aliento: una mujer de rasgos finos y pálidos, con una mata salvaje de rizos oscuros. Era la legendaria poeta Edna O'Brien. Me moría de ganas de conocerla.

Una de las organizadoras del festival me dijo en voz baja que Edna O'Brien no iba a aparecer. Y añadió que la foto que habían usado para el programa era de la década de 1950. La Edna O'Brien real no iba a comparecer porque, en palabras de la organizadora, «está en Londres, tratándose por fin la hernia».

Buscar imágenes en internet entraña el peligro de que se te trague un agujero negro tipo *El crepúsculo de los dioses*. En plan: «¿Cómo puede respirar rodeada de tantas Normas Desmond?».

Cada imagen marca un momento y un lugar específicos. La foto de las gafas sin montura y la chaqueta raída de tweed me la hicieron en Colonia, al lado de una cabeza de puente. La foto del pelo largo y la camiseta negra (de Bill Blass, comprada en Ross Dress for Less, siete dólares) la tomó Chris Saunders, que se presentó en un pub de Manchester donde yo acababa de completar una sesión de firmas de seis horas. Me pidió diez minutos, y mi cara de mal humor se debe a que eran las dos de la mañana, yo estaba medio borracho y apenas podía mantener los ojos abiertos. Y encima, a la noche siguiente iba a tener que repetir todo el paripé en Glasgow.

La foto de autor es la «realidad» que sustenta la magia de la obra de ficción. Para la persona que hace el «trabajo» de inventar y poner en práctica lo ficticio, la foto es la prueba formal y seria de su profesionalidad. Es como si una versión adulta de las fotos del anuario escolar –ese yo estilizado y posado– fuera a convencer a los lectores de que escribir es un trabajo de verdad. Como un actor que se sale del personaje, o mejor todavía, que se quita la peluca o la nariz falsa y rompe la cuarta pared para enfrentarse al público y demostrar su humanidad. Y que demuestra su don a base de crear ese contraste. Y nuevamente, esa parte «real» parece destinada a resaltar la naturaleza de la parte «falsa» que la precede.

«Sí –parece insistir la foto–. ¡Todos esos dragones, gorgonas y qué sé yo han salido de la imaginación de esta persona de aspecto ordinario!». Una foto que podría ser perfectamente la de cualquier agente inmobiliario del mundo.

Quizá por eso suelen ser fotos tan comunes y corrientes. Porque nadie quiere quitarle el protagonismo a su propia imaginación. Además, por supuesto, de que una misma foto, a base de usarse durante muchos años y en libros muy distintos, se acaba convirtiendo en marca comercial. Nos encantan nuestras bolsas de tela de Emily Dickinson y nuestras tazas de café de John Grisham, y esas imágenes nos identifican ante los lectores de gustos afines.

Por no mencionar que las fotos en sí se convierten en artículos de consumo... Hubo una gira promocional en la que mi horario estaba dominado por una serie de encuentros con un fotógrafo distinto cada media hora. Mientras uno me hacía las fotos, los dos o tres siguientes esperaban. Cada uno tenía su equipo montado a poca distancia de los demás. Le pregunté a un hombre para quién eran sus fotos. Me dijo que no con la cabeza. Aquellas fotos no eran para ninguna revista o periódico concretos. «Getty Images está comprando mucho material tuyo ahora mismo», me dijo. En otras palabras, mi editor me estaba alquilando por turnos de media a hora a una serie de especuladores de la cámara, todos los cuales confiaban en conseguir unas cuantas imágenes para vendérselas a la mayor biblioteca de imágenes del mundo. Aquello ayudaba a cubrir el coste del viaje.

Para *Vogue Homme* me tumbé encima de unos espejos rotos, sobre el suelo de cemento grasiento de un aparcamiento, mientras un director de arte ruso plantado junto al fotógrafo repetía: «¡Esa! ¡Esa es la imagen! ¡Esa es la imagen!».

En Inglaterra, un fotógrafo me dijo que no sonriera. Estábamos trabajando en el Mercado de Cereales de Brighton, un edificio enorme en penumbra y con aspecto de almacén. Yo no paraba de sonreír y él no paraba de decirme que no sonriera. Por fin le pregunté por qué.

–Porque cuando sonríes pareces tonto –me dijo.

Con eso bastó. Dejé de sonreír.

Después de la foto de Chris Saunders en el pub de Manchester, me corté el pelo. Entonces hizo falta una nueva foto de autor, de manera que mi hermana me hizo una en el porche de su casa. Si me veis con unas cuantas ramas de pino de fondo, esa es la foto en cuestión. Me duró años. Es todo lo banal que puede ser. La foto de autor arquetípica.

Cuando empecé a escribir cómics y libros para colorear, la «foto» de autor se convirtió en dibujo. Pura gratificación para el ego. Cuando te retrata alguien que dibuja superhéroes, ya nunca más quieres volver a la realidad.

Más recientemente, la foto de Allan Amato supuso un punto medio óptimo: una imagen maravillosa, aunque igual de artificial y retocada que las que se publican en *Playboy*.

Sin embargo, a fin de cuentas la vida no es más que marcas comerciales y marketing. Ir cambiando siempre el envoltorio. Y el año pasado mi editor me pidió una foto nueva. Y ya no pude más.

Un amigo me sugirió al fotógrafo Adam Levey, que hace muchas sesiones para Nike. Tanto las fotos de autor como las fotos policiales me parecen siempre primas hermanas de las famosas «caras de metanfetamina». Todavía conservaba la sudadera con capucha negra de 1995. Jamás tiro la ropa. Venía Halloween y las tiendas estaban llenas de tatuajes falsos. Me afeité la cabeza.

Llevo desde que empecé a publicar intentando esconder algo. Mi cuello. Tengo el cuello largo. Por eso usaba aquellos cuellos de cisne y cuellos altos. Hasta que lo dejé correr. Empecé a preguntarme por qué no podía ser fea una foto de autor. Buscas en internet y las mejores fotos policiales de presidiarios son amenazadoras, trágicas y bufonescas a partes iguales.

Me cubrí de tatuajes falsos la mitad del cuello, la cara y la cabeza afeitada. Adam Levey puso música de Tom Waits y subió el volumen al máximo. No soy Edna O'Brien.

Y, mira por dónde, en la editorial les encantó. Una semana más tarde dejó de encantarles. Dijeron que podía perjudicar las ventas.

¿PARA QUÉ MOLESTARSE ENTONCES?

Tom te diría que, si escribes «a fin de» lograr alguna otra cosa, entonces no deberías estar escribiendo. En otras palabras, si escribes para comprarte una mansión, o para ganarte el respeto de tu padre, o para convencer a Zelda Sayre de que se case contigo, olvídalo. Hay formas más fáciles y rápidas de alcanzar tu verdadera meta. En cambio, si quieres escribir porque te encanta leer y escribir, plantéate las siguientes recompensas.

PARA QUÉ: TERAPIA

Tom llamaba a su método Escritura Peligrosa. Su idea, tal como yo la entendía, era usar la escritura para explorar algún aspecto amenazador y sin resolver de tu vida. Todo lo que escribes es una especie de diario. Da igual que parezca caer lejos de tu vida, aun así has elegido el tema y los personajes por alguna razón. De alguna forma enmascarada, todo lo que escribes sigue siendo la expresión que haces de un aspecto de ti mismo. Estás atrapado.

No hace falta que empieces con tu peor secreto. Solo con algo que eres incapaz de resolver. Por ejemplo, durante un tiempo yo tuve una vecina. Lo más probable es que todos hayamos tenido a esa misma vecina. Día tras día ponía la música a todo trapo. No hace falta decir que no era Bauhaus ni nada decente, pero sí que sonaba fuerte. Durante la única tarde de sol en que decidí cortar el césped –usando una cortadora eléctrica, date cuenta– llamó al Ayuntamiento y me convocó a una sesión de mediación vecinal establecida por ellos para tratar del ruido que yo había hecho. Otros vecinos me avisaron de que era una mujer problemática. En un par de ocasiones salí de la ducha para encontrarme su cara en la ventana de mi baño. Ella me saludaba mientras yo agarraba la toalla. Inquietante.

Le encantaba su casa. Era una casa maravillosa, estaba en una ubicación magnífica y a menudo la mujer le decía a la gente que moriría allí. Yo no tenía dinero para mudarme. Así que escribí *Nana*, un libro sobre alguien que vive sojuzgado por memes abrumadores y música no deseada. La trama se centra en un poema que mata a la gente cuando lo lees en voz alta. Los problemas que me veía incapaz de resolver, los exageraba. Los expandía hasta crear la situación más descabellada posible y por fin los resolvía, al menos sobre la página. El proceso me distraía de la música de mi vecina. De hecho, conseguía que dejara de molestarme. Usé la irritación que me producía para alimentar el libro.

Los psicólogos conductistas usan una técnica llamada «inmersión». También conocida como «terapia de exposición prolongada». Si te aterrorizan las arañas, por ejemplo, te meten en una habitación llena de arañas. Al principio te entra el pánico, pero cuando más rato pasas ahí, más se atenúa tu reacción. Te aclimatas. Tus emociones se agotan. Y escribir *Nana* fue mi forma de someterme a esa inmersión. Para cuando le mandé el libro a mi editor, el ruido y la música seguían allí, pero yo ya casi no los oía.

El milagro tuvo lugar durante mi gira promocional. Cuando volví a casa, me encontré la de al lado vacía. Los vecinos me informaron de que se había presentado una furgoneta de mudanzas y la amante de la música que tenía planeado vivir allí hasta su muerte se había mudado.

Es inquietante, pero funciona. En cuanto usas un relato o novela para explorar, exagerar y agotar un problema personal, parece que ese problema desaparece. No digo que sea magia. No estoy prometiendo milagros. Pero tu apego personal al tema o a la situación te moverá a seguir escribiendo pese a la ausencia de otras recompensas, ya tengan forma de dinero o de reconocimiento. Esa es mi interpretación de la filosofía de Tom. Llámalo catarsis o no, has de usar la escritura como herramienta para resolver mentalmente todo aquello que no puedes resolver físicamente. Cobra tu estipendio por adelantado.

PARA QUÉ: PARA CONTENER A TU MENTE DE MONO

¿Te acuerdas de un episodio en particular de la serie de televisión original *Star Trek*? Lo protagonizaba un robot al que había recogido la tripulación del USS Enterprise. Tenía más o menos pinta de caja plateada con antenas que flotaba en el aire, y su propósito era identificar formas de vida defectuosas en el universo y destruirlas. Siguiendo esa directriz principal, el robot no paraba de perseguir a miembros de la tripulación a los que consideraba imperfectos y de convertirlos en vapor con un láser, sin dejar de repetir: «¡Esterilizar! ¡Debo esterilizar!».

A fin de remediar la crisis, el capitán Kirk le pide al robot que compute el número pi hasta su último dígito. La tarea requiere todas las facultades del robot y lo deja enfrascado. Scotty, o quien sea, usa el transportador para mandar al robot ensimismado al exterior del casco de la nave, y una vez allí lo destruyen con un torpedo de fotones. Matanza evitada.

Todos tenemos a ese molesto robot en la cabeza. Los budistas lo llaman la «mente de mono», y nunca descansa. La mente de mono nunca deja de darle vueltas a todo ni de parlotear, distrayéndonos y volviéndonos locos. Si no podemos callarla, ¿por qué no hacemos lo mismo que el capitán Kirk?

Dale a la mente de mono una tarea enorme y arbitraria que la mantenga ocupada. Cuando te inventas una crisis ficticia, le estás pidiendo al robot que compute pi hasta el último dígito. Y la mente de mono no solo tiene que resolver el problema, sino que además está obligada a crearlo y desarrollarlo. Cuando refrenes a esa vocecilla mental que nunca para de parlotear y resolver problemas, se adueñará de ti una extraña sensación de paz.

Si eres propenso a preocuparte, escribir puede convertir tu ansiedad en una ventaja.

PARA QUÉ: POR LOS PEQUEÑOS GRANDES DETALLES

El Pacífico noroeste de Estados Unidos está infestado de castores. Castores que se cargan las líneas divisorias fluviales. Castores royendo arbolitos jóvenes. Ha pasado un siglo desde que los tramperos estuvieron a punto de llevar al castor a la extinción para obtener las pieles con que se hacían los gorros de piel de castor. ¿Y que los salvó? No fueron las campañas ni las protestas a favor de los derechos de los animales. No fue ningún litigio para proteger a una especie en peligro. No, lo que salvó a los castores locales fue que cambió la moda.

Se pusieron de moda los gorros de seda. Los de castor se quedaron anticuados. Y este es solo un ejemplo de cómo un cambio tonto y en apariencia caprichoso de la narración –¡ya nadie lleva pieles de castor!– puede modelar una nueva forma de existir. La ficción puede ofrecer nuevos modos de vida, con metas nuevas y valores que sirven a los lectores mejor que los instaurados.

PARA QUÉ: LOS GRANDES, GRANDES DETALLES

Un amigo me contó que su padre se estaba muriendo. Mi amigo se sentó junto a su lecho de muerte con una grabadora y le pidió que contara las viejas historias familiares, para la posteridad. Cerca del final, ya estaban solo ellos dos y la grabadora, y mi amigo Rick no paraba de insistirle a su padre para que siguiera hablando. Llegó un momento en que su padre hizo una pausa y dijo:

–Sé que quieres más historias, pero necesito saber qué quiere Charlie.

Y explicó que su hermano Charlie, el tío de Rick, ya llevaba un buen rato esperando con paciencia en un rincón de la estancia. Por supuesto, a Rick le parecía que aquel rincón estaba vacío. En la habitación no había nadie más que ellos dos. Además, su tío llevaba mucho tiempo muerto. Esperó a que su padre saludara a Charlie y le preguntara qué se le ofrecía. Llegado aquel punto, el padre de Rick, sin decir nada más, cerró los ojos y murió.

La escena quedó grabada, pero Rick nunca ha tenido valor para rebobinar y escuchar la cinta.

Es una anécdota que me encanta contar, porque atrae otras historias muy parecidas. Lisa habla del lecho de muerte de su hermano, cuando el perro de él empezó a aullar en el mismo momento de su muerte. El perro guardó silencio, pero levantó la vista para mirar algo, se giró y pareció seguir aquel algo, siempre con la mirada clavada en el techo, habitación tras habitación, hasta llegar a la puerta abierta de atrás. Allí el perro se quedó en el porche, como si estuviera siguiendo con la mirada la trayectoria de algo que se iba por el cielo.

En la universidad tomé éxtasis con unos amigos y me fui de discotecas por Vancouver, en la Columbia Británica. Hablo del Vancouver de antes de la Exposición Universal, cuando todo era barato y la calle Granville estaba flanqueada de hoteluchos de mala muerte. Éramos una panda de chavales demasiado colocados para dormir, sentados a oscuras en una habitación de hotel, todos hablando de las cosas más extrañas que nos habían pasado en lo que llevábamos de vida. Un amigo, Franz, a quien yo no había conocido hasta tercer curso, se puso a hablarnos del verano en que sus padres lo habían mandado a trabajar para unos amigos de la familia. Él vivía en Butte, Montana, pero lo mandaron a una floristería que quedaba a más de seiscientos kilómetros al oeste. Allí vivía con los dueños, y una mañana antes del amanecer cargaron de flores una flota de furgonetas y se adentraron en la oscuridad.

Cruzaron el desierto, un yermo de arena y artemisa, hasta llegar a un solitario apeadero del tren. No había trenes, solo las vías emergiendo de la oscuridad. Y esperaron. Cuando el amanecer iluminó el horizonte, apareció un tren de pasajeros de Amtrak. Se detuvo junto a sus furgonetas y el jefe de Franz mandó a su equipo que decorara el tren. Cubrieron los costados de los vagones de guirnaldas y pusieron coronas de flores sobre la locomotora. Los legañosos pasajeros se pusieron a rezongar por el retraso y a gritar quejas que Franz solo podía contestar encogiéndose de hombros.

Para entonces ya había llegado una caravana de automóviles. Un gaitero se subió encima de la locomotora y se puso a tocar, bajo las primeras luces del alba, con la arena extendiéndose en todas direcciones. En medio de ese frío del desierto, que la gente suele olvidar que es la otra cara de la moneda del calor asfixiante. De otro coche se bajó una novia, seguida del novio y de los invitados a la boda. Franz repartió los ramos y colocó las flores en los ojales. Los novios y su cortejo se subieron encima de la locomotora, junto con un pastor, y se unieron al gaitero para celebrar su boda allí.

En el momento mismo en que los novios se besaron, Franz y sus compañeros empezaron a recoger las flores del tren. Los recién casados se marcharon en su coche. Los siguió la caravana y el tren se puso en marcha rumbo a Saint Louis.

Cuando oí aquella historia entre mis amigos colocados, en una pensión de mala muerte, me quedé pasmado. No solo por el éxtasis, sino porque me pareció que Franz me estaba gastando una broma enorme. La boda que acababa de contar había tenido lugar hacía una década, y yo solo conocía a Franz desde hacía unos meses. Conocía la fecha de la boda porque había estado presente en ella. Había sido la segunda boda de mi padre, que había decidido montar un buen número para molestar a mi madre, que no se había vuelto a casar desde su divorcio. Yo había sido un niño con traje con americana de tela vaquera –búscalo–, y un Franz también niño me había puesto el capullo blanco de rosa en la solapa mientras el chirrido de las gaitas llenaba el enorme, llano y gélido paisaje.

Después de tantos años y a tantos kilómetros de distancia, ahora aquel niño estaba entre mis mejores amigos de la Universidad de Oregón. ¿Quién se lo habría imaginado? Pero esta no es solo mi historia. Es el cebo o la semilla que uso para sacarle a la gente historias todavía más asombrosas.

Es otra razón para molestarse en reunir historias. Porque nuestra existencia es un flujo constante de imposibles, de inverosimilitudes, de coincidencias. Y lo que vemos en la televisión y en el cine siempre ha de diluirse para hacerlo «creíble». Estamos entrenados para vivir en una denegación constante de lo milagroso. Y solo a base de contar nuestras historias podemos hacernos una idea de lo extraordinaria que puede llegar a ser la existencia humana.

Renunciar a estas historias es aceptar la versión banal de la realidad que siempre se ha usado como escenario de los anuncios de milagrosas cremas antiarrugas y de milagrosas píldoras para adelgazar. Es como si le hubiéramos negado la magia auténtica a la vida para poder vendernos los unos a los otros la magia falsa de los productos de consumo. Otro ejemplo de cómo la tienda reemplaza a la iglesia.

Si fueras alumno mío, te diría que rechazaras lo «creíble» y fueras en busca de los prodigios reales que te rodean. Te diría que leyeras «La cosecha» de Amy Hempel y que descubrieras toda esa verdad que a ella le pareció demasiado fantástica como para que el lector la aceptara.

Te pediría que no usaras la ficción como vehículo para cambiar la sociedad. Los lectores no necesitan que los arregles ni los repares. Lo que haría sería recordarte la directriz de Tom Spanbauer: «Escribe sobre el momento que lo cambió todo para ti».

POSTAL DE LA GIRA

Su abrigo no era de los que se ven habitualmente en las tiendas Dollar Tree. Por eso me fijé en él. Apareció primero en el pasillo siete –Velas– y después en el cuatro –Productos para el Baño–, un joven vestido con un abrigo con el cuello subido, como si llevara una pequeña verja o un muro alrededor del cuello. También me fijé en la longitud del abrigo, una prenda en plan Doctor Zhivago, que le rozaba las piernas por debajo de la rodilla. Luego aquel abrigo dio un rodeo hasta el pasillo nueve: Tornillos y Pasadores. Cuando apareció también en el pasillo once –Envoltorios para Regalo–, supe que tenía que estar siguiéndome.

Es una sensación cálida y maravillosa, saber que alguien te observa y fingir que no eres consciente de su atención. Es como un acoso, pero agradable. Es lo contrario de cuando sospechan que estás en la tienda para robar, que es una sensación que también he vivido. Muchas veces. No; cuando eres una figura pública, la sensación se parece a cuando eras niño y exigías: «¡Mírame, mamá! Mamá, ¿me estás mirando?». Las miradas que te siguen son una validación. Convierten un recado ordinario –comprar una cinta y una caja para envolver un regalo– en una grácil puesta en escena.

Antes era distinto. Si un entrevistador de televisión necesitaba metraje de relleno y me decía que me relajara y caminara despreocupadamente por la hierba en un jardín, por ejemplo, mis piernas flaqueaban. Los brazos me temblequeaban.

Ahora, esa codiciosa y ansiosa de atención parte de mí se baña en la luz de los focos. He adquirido una calma noble. Incluso en la tienda Dollar Tree.

El abrigo fuera de lo ordinario se mantenía justo en el margen de mi campo visual.

Todos queremos que nos persigan. Igual que todo perro intenta que lo persigan los demás perros cuando les quitan la correa en el parque. Ahora el abrigo aumentó de tamaño hasta detenerse junto a mí. Mi boca preparó algún comentario magnánimo. Algo humilde, quizá con dulzones matices de gratitud. Esos encuentros siempre te dan la sensación de estar aceptando un Oscar.

Una vez, estando en Barcelona con David Sedaris, me quejé de que nunca sabía qué decirles a los lectores que me abordaban. Sedaris me miró y se encogió de hombros.

–No digas nada –me dijo–. Ya has compartido mucho con ellos a través de tu escritura. Cuando conoces a un lector, te toca escuchar [«When you meet a reader, it's your turn to listen»].

Me preparé para la lluvia de elogios. Para la efusión.

–¿Señor Palahniuk? –dijo el tipo del abrigo. Joven. Más bajo que yo–. Estuve en su lectura en Boadway Books...

Tenía que referirse a la primera vez que escenificamos los «Cuentos para irse a dormir para adultos». Estábamos Monica Drake, Chelsea Cain, Lidia Yuknavitch y yo. El público que abarrotaba la sala había venido con pijamas y albornoces, tal como les habíamos pedido. Una cadena de televisión había filmado un segmento mientras hacíamos que todos hiciesen una carrera por la acera. Para el evento de Broadway Books yo había encargado varias cajas de muñecos de peluche gigantes. Jirafas dignas de una feria. Grandes como los premios de los parques de atracciones. Leones y tigres blancos y otros animales por el estilo, tan grandes que hacían parecer pequeños a los adultos que los llevaban en brazos. Chelsea nos había comprado a todos pantuflas de conejo. Era una mierda correr por la acera con pantuflas de conejo.

David Sedaris

Me limité a escuchar.

–El día antes de aquella lectura –me dijo el tipo del abrigo– había muerto mi hermano.

Ahora lo estaba escuchando de verdad.

–Teníamos una relación muy estrecha –me dijo–. Me quedé en shock. Pero tenía una entrada. No sabía qué otra cosa hacer. Así que asistí.

Aquellas palabras me redujeron a simples oídos.

–No sabía cómo continuar con mi vida –me dijo.

Ya no era cuestión de qué decir. Lo único que podía hacer era escuchar.

–Estaba allí –dijo el hombre– y usted me dio un pingüino de peluche gigante. –Sonrió–. Entonces vi que la vida todavía tenía sorpresas para mí. Que todavía me podían pasar cosas buenas.

Tom siempre nos decía: «Escribe sobre ese momento que lo cambió todo para ti».

Son esos momentos ridículos los que nos salvan la vida. El lenguaje no sirve de nada. Especialmente las palabras.

Quizá nos dimos la mano entonces. ¿Quién sabe? Estoy seguro de que nos dimos la mano. En aquella tienda Dollar Tree estaba teniendo lugar un momento trascendente. En vez de quedarse pasmado y con los ojos como platos, fue el desconocido quien se mostró magnánimo. Y fui yo quien tartamudeé y farfullé. La garganta, imagínate, la garganta se me había cerrado. Necesitaba decir algo. Me había quedado en shock.

Él me había robado mi papel.

«El lenguaje –nos enseñaba siempre Tom– es nuestro segundo idioma».

El joven estaba a punto de alejarse. Y luego lo vi alejarse, pasillo diez, pasillo nueve.

Lo llamé. Quería decirle: «Gracias».

Hay que hablar; si no, la cabeza se te convierte en un cementerio.

Le dije a gritos:

–¡Muy chulo, el abrigo!

LISTA DE LECTURAS: NARRATIVA

En el primer taller de escritura al que asistí, era obligatorio leer *El arte de escribir novelas* de John Gardner, del que nunca hablamos y al que no nos referimos de ninguna manera. Gracias a Dios. Sus alusiones constantes a la literatura clásica me dejaban fuera. He descubierto que la mayoría de los escritores pertenecen a una de dos categorías. La primera viene del mundo académico, con textos recargados y sin apenas ímpetu argumental ni dinamismo. La segunda categoría de escritores viene del periodismo y usa un lenguaje simple y claro para contar historias llenas de acción y de tensión.

Mi licenciatura es en Periodismo. Mi método, periodístico. En vez de a John Donne, me dediqué a leer a Jacqueline Susann. Hay más gente bien leída en materia de literatura popular, y yo quería que este libro atrajera a gente que se agobia con libros como el de Gardner. Asimismo, la narrativa que sugiero aquí consiste en su mayor parte en colecciones de relatos y novelas cortas. Es más fácil entender cómo funciona la narrativa breve. Puedes tener el relato entero en la cabeza y descubrir el propósito de cada palabra.

En orden alfabético, los libros son:

Acid House de Irvine Welsh
Airships de Barry Hannah
Campfires of the Dead de Peter Christopher
Catedral de Raymond Carver
Cuentos completos de Amy Hempel

El púgil en reposo de Thom Jones
Esclavos de Nueva York de Tama Janowitz
Generación X de Douglas Coupland
Hijo de Jesús de Denis Johnson
Invitado de honor de Joy Williams
La locura de amar la vida de Monica Drake
La noche en cuestión de Tobias Wolff
Lejos de ninguna parte de Nami Mun
Los boys de Junot Díaz
Los confidentes de Bret Easton Ellis
Lugares remotos de Tom Spanbauer
Se acabó el pastel de Nora Ephron
The Ice at the Bottom of the World: Stories de Mark Richard
Through the Safety Net: Stories de Charles Baxter

POSTAL DE LA GIRA

Fue David Scholl quien me enseñó el futuro. Para que veas lo pequeño que es el mundo, yo había conocido a David en Portland, donde él vivía con unos amigos míos que me habían montado mi primera –y espero que última– fiesta sorpresa de cumpleaños. Dave era uno de los siete socios originales que habían abierto el restaurante Wild Abandon, y el único que había insistido en que los platos tenían que ser blancos cuando los demás socios querían usar una mezcla ecléctica de vasos y platos de las tiendas benéficas Goodwill. El negocio había estado a punto de cerrar tras no hacer las retenciones adecuadas en los impuestos de las nóminas. Cuando nos conocimos, yo aún no había escrito ni una página, y mucho menos había participado en ningún taller de escritura. Más adelante yo haría giras para promocionar mis libros, mientras que David Scholl se convertiría en un ejecutivo que viajaba por el mundo abriendo sucursales de la cadena de librerías Borders. Vivía en Ypsilanti, y siempre que mi gira me llevaba a Ann Arbor, venía a verme en honor a los viejos tiempos.

Borders me pidió que filmara un breve vídeo donde yo apareciera hojeando libros en una de sus tiendas y presentara mis lecturas recomendadas para el verano siguiente. Les hice una contraoferta. En vez de aquello, fingiría que estaba haciendo un vídeo de formación para el personal destinado a prevenir la «rotura de stock». Es decir, elegiría una serie de libros y le diría a la cámara que cada uno de ellos era tan bueno que era probable que los ladrones fueran a por él. Luego fingiría que me metía el libro dentro de los pantalones y pasaría a la recomendación siguiente.

Nuestro eslogan era: «¿Llevas *Hijo de Jesús* en el bolsillo o es que te alegras de verme?». Se nos ocurrió a Dave y a mí, y poco después me enseñó el futuro.

Con esto me refiero al prototipo de la nueva cadena de librerías de la era espacial que Borders empezaría a construir pronto. Aquella primera réplica a tamaño real estaba en las afueras, y había que ir a ella en coche desde la tienda Borders original, la de ladrillo del centro de Ann Arbor. La nueva tienda ocuparía quizás una octava parte de la planta de una tienda actual de grandes dimensiones. Dave me acompañó a aquel local de un solo espacio, no mucho más grande que un 7-Eleven. Un par de paredes tenían estantes con los superventas del momento, pero no había más libros. Lo que había era una máquina muy grande, como una fotocopiadora gigante, que imprimía cualquier libro que el cliente quisiera. El cliente también podía elegir el tipo de encuadernación. Y todo en cuestión de minutos.

Aproximadamente la mitad del espacio de la librería estaba dedicado a las presentaciones de los autores. Todo estaba revestido de paneles de madera y moqueta. Hileras de sillas delante de una pantalla. Debajo de la pantalla había una especie de escritorio de obra. «Es para el sistema LongPen», me explicó Dave. El LongPen era una invención de Margaret Atwood, que no quería matarse a giras pero sí interactuar con sus lectores. Tal como estaba diseñado, Atwood –o cualquier otro autor– podía sentarse en su casa y presentar en tiempo real su obra al público que estaba en la tienda. Una cámara instalada encima de la pantalla retransmitiría la imagen del público directamente al monitor de Atwood. Podría contestar preguntas y leer extractos. Y lo mejor de todo, y esto explicaba el nombre del invento, los lectores podían alinear sus libros con aquel escritorio fijo y la autora podía firmar y dedicárselos a distancia.

Atwood o quien fuera manejaba un lápiz óptico. En el Borders, un bolígrafo guiado por ordenador descendería hasta el libro. Atwood podría escribir lo que le diera la gana y el sistema orientaría el bolígrafo para que dedicara y autografiara el libro.

El vídeo de la interacción entre lector y autor quedaría archivado en la red para que el lector se lo descargara más tarde y lo guardara como recuerdo.

El principal obstáculo, explicó Dave, había sido convencer a las autoridades mundiales en autógrafos de que aquella firma por control remoto era un autógrafo real y legítimo. Habían tardado unos años en convencerles, pero por fin se había dictaminado que el de LongPen era un autógrafo genuino. La cadena Borders estaba a punto de revolucionar los eventos promocionales de los autores.

En aquellas tiendas del tamaño justo, autores de todo el mundo aparecerían en pantallas y los ordenadores firmarían libros. La máquina de impresión bajo demanda eliminaría el engorro de mandar libros y tenerlos en stock. Y Margaret Atwood se podría quedar en su casa de Toronto y no tener que arrastrarse por el mundo. Dave tenía razón en estar orgulloso. El futuro era luminoso.

Y entonces la cadena Borders se hundió.

Y después el cáncer de páncreas se nos llevó a Dave. El problema de querer a tanta gente es que también pierdes a mucha.

A Margaret Atwood: te seguiré buscando en las giras. Espero que tu inversión en LongPen rinda frutos algún día. De momento su éxito se ha limitado principalmente a permitir que los autores que están en prisión puedan aparecer en público desde la cárcel.

Bendito seas, David Scholl. Que una de tus muchísimas tumbas esté siempre en mi cabeza.

LISTA DE LECTURAS: NO FICCIÓN

Te aviso. Me pidieron que hiciera una lectura durante una cena benéfica y leí el relato «Romance», y durante la lectura me fijé en un hombre sentado a una de las mesas llenas de benefactores bien vestidos que se estaba riendo a carcajadas del relato y sobre todo de un chiste bastante triste sobre el cáncer. Hay que ver, pensé, pero cuando me acompañaron a mi asiento, me pusieron en la mesa de aquel mismo hombre. Mientras llegaban las ensaladas, se puso a contar la llegada de su vuelo aquella misma tarde. Durante el descenso al aeropuerto de Portland se había pedido un vaso de vino, y una mujer muy parlanchina que tenía al lado le había comentado que le encantaba el vino. Le encantaba de toda la vida. Y, hasta hacía pocos meses, se había tomado una copa de vino todas las noches. Pero de pronto hasta el sorbo más pequeño de vino le había empezado a quemar la garganta. Pronto el dolor se había hecho tan intenso que le había obligado a dejar la bebida del todo. El vino, la cerveza, los destilados, todo le quemaba la garganta. Así pues, había decidido que Dios ya no quería que bebiera alcohol, y que no pasaba nada siempre y cuando fuera lo que quería Dios. Echó un vistazo a la copa de vino del hombre y le dijo que ojalá pudiera beberse una.

El hombre de la cena benéfica hablaba muy fuerte y se le daba bien contar historias. Se trata de un tipo de persona digna de estudio. Por mucho que la historia no funcione al final, aun así puedes aprender trucos relacionados con el ritmo y la voz. Así que escuché.

Su respuesta a la compañera de asiento parlanchina fue terminarse la copa de vino. Le explicó que era oncólogo especialista en cánceres poco comunes. Lo que le acababa de describir –aquella sensación de quemazón cuando bebía alcohol– era lo que los especialistas en cáncer denominaban «alerta de canario». Se trataba de una señal temprana e inconfundible de que había desarrollado un linfoma de Hodgkin. Y le aconsejó que llamara a su abogado nada más aterrizar. A su abogado, no a su médico, porque si los síntomas habían empezado hacía tanto tiempo, ya solo le quedaban unas semanas de vida. Tenía que hacer testamento y ocuparse de los preparativos de su funeral.

Y después de aquello, nos contó, la mujer ya se mostró bastante menos parlanchina. El hombre le dio su tarjeta de visita y al cabo de un día lo llamó el médico de atención primaria de la mujer para decirle: «Tienes razón. Le queda poco tiempo de vida. Pero se lo podrías haber dicho de forma menos cabrona…»

Así de deprisa puede llegar una información y cambiar para siempre tu forma de ver las cosas. Durante el resto de tu vida, tu primer sorbo de alcohol será igual de agradable que hacerte una biopsia. El segundo sorbo, en cambio, te sabrá mejor que ningún segundo sorbo que hayas probado en la vida. Te sabrá a buena salud.

Los libros siguientes tendrán un efecto parecido. Destriparán una parte básica de tu pensamiento, pero a cambio harán que aprecies más algo a lo que hasta entonces no habías dado importancia.

Death in Yellowstone de Lee Whittlesey
El don de Lewis Hyde
El proceso ritual de Victor Turner
Forbidden Words: Taboo and the Censoring of Language de Keith Allan y Kate Burridge
From Ritual to Theater: The Human Seriousness of Play de Victor Turner

Hard Core: Power, Pleasure, and the «Frenzy of the Visible» de Linda Williams

Los ritos de paso de Arnold van Gennep

MFA vs. NYC, edición de Chad Harbach

Page Fright: Foibles and Fetishes of Famous Writers de Harry Bruce

The Program Era de Mark McGurl

The Sovereign Outsider: 19th Century American Literature, (Non-)Discursive Formation and Postanarchist Politics de Mathias Hagen König

Trickster Makes This World de Lewis Hyde

OTRA POSTAL DE LA GIRA

De vez en cuando me pregunto: «¿Es el momento de dejarlo?». Siempre evito leer las reseñas porque, sean buenas o malas, me dejan hecho un lío. Me provocan manía o depresión. Pero de vez en cuando alguien me trae una y me deja a mis pies lo mejor o lo peor. El día en que Salon publicó su reseña de mi libro *Diario*, me pregunté: «¿Es el momento de dejarlo?».

Siempre hay la opción de dar clases. Que Dios bendiga a mis padres, porque cuando dejé mi último trabajo de verdad, en Camiones Freightliner –donde durante la mayor parte de los trece años que estuve allí me encantó mi trabajo y también mis compañeros–, me insistieron en que pidiera una baja temporal del sindicato en vez de dejarlo del todo. De manera que todavía soy miembro con la cuota al día del sindicato de trabajadores de la automoción; tengo el carnet plastificado que lo demuestra. Escribir es la bomba, es una carrera mejor que nada que me hubiera imaginado de niño. Pero también tiene sus cosas.

Cosas malas, más allá de lo que incluso un escritor puede imaginar.

Mis editores me dijeron que no contara nunca la historia de lo que pasó en San Diego. Me prometieron que después de aquello me pondrían guardaespaldas, y durante un tiempo fui flanqueado por unos empleados de seguridad que, en cuanto se acababa un evento, me sacaban de la tienda y me metían en un coche que ya me esperaba.

Y llevo más de una década intentando analizar el desastre de San Diego. Desentrañar mi parte de responsabilidad.

Quizá me expuse demasiado. He dicho San Diego, pero en realidad fue en El Cajon. Pero ¿quién conoce El Cajon? Poco antes de recibirme a mí, la librería en cuestión había hecho un evento con la doctora Laura Schlessinger, en los tiempos en que la doctora Laura todavía era popular. La encargada de la tienda no paraba de decirme: «Has traído a más gente que la doctora Laura». Que había reunido a ochocientas personas. En una librería enorme de un centro comercial con tiendas enormes, y todavía de día, tuve que ponerme en el centro de la multitud y girarme un poco para poder verlos a todos.

No llevaba ni un par de palabras de mi cháchara cuando me fijé en un grupo de gente que había al final del público. Espaciadas a intervalos más o menos regulares, varias personas sostenían en alto unas cartulinas enormes. Cartulinas fluorescentes de color rosa chicle, azul claro y verde claro. Las sostenían con ambas manos y bien altas. Tenían algo escrito en aquellos letreros, y no paraban de girar sobre sí mismos, despacio, mostrando los mensajes. Cada vez que me arriesgaba a mirar un letrero en particular, ya estaba girado en otra dirección. ¿Qué hacía yo entretanto? ¿Leer, contestar preguntas? Me he olvidado, pero sé que estaba repartiendo unas voluminosas coronas doradas a modo de recompensa a la gente que me preguntaba cosas. Las coronas tenían joyas de cristal de colores por la parte de fuera y un acolchado de satén blanco por dentro. Le había mandado por adelantado a la librería dos docenas de aquellas coronas enormes. Las había autografiado sobre el satén. Me parecía que se veían chulas.

Entre que hacía algo y decía algo, alcancé a ver uno de los letreros de cartulina fluorescente. Decía: «¿SABÍAIS QUE CHUCK PALAHNIUK VIOLÓ Y MATÓ A UNA NIÑA NEGRA DE NUEVE AÑOS EN 1987?».

Y no era un solo letrero. Todos aquellos letreros sostenidos en alto, que giraban lentamente, apostados por toda la librería… repetían la misma afirmación.

La situación era compleja, por no decir algo peor. Me quedé demasiado en shock para ofenderme. Se me ocurrió que debía de ser una broma. Llevaba años viendo a la Cacophony Society gastar bromas a ciudades enteras. Por ejemplo, alterar una valla publicitaria de Apple que mostraba un primer plano enorme de Amelia Earhart para que dijera «Piensa en fracaso». O bien escenificar un auto sacramental una mañana de Semana Santa y crucificar a un conejo de Pascua de peluche rosa en un poste telefónico justo delante de las puertas de una iglesia baptista abarrotada. Sabía que a veces las bromas podían ir demasiado lejos y perder la gracia, y no quería ser demasiado duro con aquellos jóvenes aspirantes a bromistas.

No, nunca he violado a nadie, ni negro ni blanco, solo para dejarlo claro. De forma que le llamé la atención a la gente de los letreros para que los guardaran y me hicieron caso. El evento continuó, y alguien... alguien me preguntó qué era lo que nunca había tenido valor para mostrar en mi narrativa.

Mi respuesta siempre ha sido la misma. Nunca mostraría a nadie torturando y matando sin sentido a un animal. Ni siquiera en ficción. La escena de *La niña del pelo raro*, de David Foster Wallace, en que los personajes rocían con líquido inflamable a un cachorrillo y le prenden fuego y se ríen mientras el animal corre chillando por un sótano hasta morir... aquello me había afectado. Puedo defender la violencia consensuada, y de ahí *El club de la lucha*, con toda su estructura y sus reglas. Pero en cuanto los personajes de la novela pasan a atacar a alguien –al delegado especial del alcalde para asuntos de reciclaje–, y en el momento en que vemos el ojo morado de Marla, es entonces cuando deja de gustarme la historia y le podría poner punto final perfectamente.

De forma que di mi charla habitual sobre el consentimiento y sobre el hecho de que los animales son víctimas inocentes de todo. Me expuse. Me expuse ante el público. Y después me expuse demasiado recitando un poema que escribió John Irving sobre un perro al que había querido mucho. Viejo y moribundo, el perro era tan obediente que al acercarse la muerte y empezar a perder el control de sus esfínteres, se arrastró penosamente, entre estertores, a unos papeles de periódico que había desplegados para no manchar la moqueta. Y allí se murió.

Para entonces ya estaba completamente expuesto a los golpes del público. Ese poema puede conmigo, igual que el artículo de Amy Hempel «A Full Service Shelter», donde la autora escribe sobre el trabajo que hace como voluntaria en las protectoras de animales de Manhattan. Y donde cuenta cómo, para rebajar costes, a los perros condenados les ponen la inyección letal de fenobarbital delante mismo del montón de perros recién sacrificados. Arrastrándolo de la correa, al perro moribundo lo obligan a subir a ese montón blando y todavía caliente de animales muertos, para que muera en la cúspide, encima del perro anterior que acaba de morir, y toda esta brutalidad es la política de las protectoras porque previene el riesgo de lesiones de espalda de los empleados que, de otra manera, se verían obligados a cargar y llevarse a cuestas a los animales ya muertos.

Qué idiota fui, joder. Me había expuesto del todo, algo que no tiene que hacer nadie que esté sobre un escenario. En vez de provocar que se despertaran las emociones en mi público, me había quedado sin habla yo. De tanto hablar del sufrimiento de las pobres bestias, se me habían humedecido los ojos y se me había hecho un nudo en la garganta. Una muestra de autocomplacencia, lo último que debería hacer el autor de *El club de la lucha*.

Lo que quiero decir es que admito la responsabilidad por lo sucedido. Yo mismo atraje las malas vibraciones.

Se terminó la parte de cháchara de la presentación y empezó la firma de libros. Con un público tan grande, el personal de la librería se vio obligado a ocuparse de las cajas registradoras. Me senté a solas en un rincón del fondo mientras se formaba una fila de pacientes lectores para saludarme. Entre ellos estaba el grupo que había traído los letreros de la violación y el asesinato. Les pregunté por qué lo habían hecho, y ellos me dijeron en tono avergonzado que les había parecido que sería gracioso, en plan Project Mayhem. Había sido una broma. No tenía sentido humillarlos. Cuando te dedicas a ir provocando, pasan esas cosas. Yo también he tenido momentos de hacer el cretino, he contado chistes de pésimo gusto y he sido abucheado por públicos enormes. Así que nos estrechamos la mano.

Uno de ellos me dio un libro para que se lo firmara. Un tipo rubio bronceado y desharrapado; ¿surfista, quizá? Tenía pinta de surfista. De surfista o de skater. En cualquier caso, se adelantó como si fuera su líder y me dio una novela de Don DeLillo.

La portada estaba toda garabateada y pintarrajeada con rotulador permanente negro de punta gruesa, pero seguía siendo un libro de Don DeLillo. La gente me trae toda clase de cosas para que se las firme. Normalmente biblias. Normalmente me piden que les escriba «Le chupo la polla a Satanás» en su Biblia familiar y que se la firme. Y a menudo esas biblias se ven antiquísimas, encuadernadas en cuero y pan de oro, con ilustraciones de Doré y árboles genealógicos descoloridos, tan elegantes que podrían ser biblias Gutenberg. Y siempre les digo que no, con cortesía. Y nos estrechamos la mano. No tiene sentido avergonzar a nadie.

Como de costumbre, le dije que no firmo libros de otros autores.

Pero el rubio me dijo:

–Este libro es tuyo.

Y esto mientras cientos de personas esperaban en una cola que serpenteaba por los pasillos flanqueados de estantes.

Le señalé que en la portada ponía el nombre de Don DeLillo.

El tipo insistió en que se lo firmara. No se lo firmé. El surfista y su grupo de bromistas se marcharon. No pasaba nada.

Puede convertirse en tragedia, conocer a un autor. La prueba física de la existencia del autor significa que nunca podrás conocer a los personajes a los que has llegado a considerar amigos o héroes. Lo he experimentado tantas veces que ya evito conocer a gente cuya obra me gusta. Y como entiendo esta decepción, siempre intento evitarla en la medida de lo posible.

Así pues, yo –aquel escritor poco viril y amante de los animales que recitaba poemas con la voz estrangulada por la emoción, y que había resultado no ser la encarnación viviente de Tyler Durden– volví a mi tarea de conocer a los lectores y a firmarles libros. La gente se acerca a tu mesa con tanta emoción que es imposible no intentar responder a sus sonrisas con sonrisas. A sus abrazos con abrazos. Hay lectores tan sobreexcitados que llegan al borde de las lágrimas. A los más callados hay que obligarlos a que te saluden. Hay que posar para fotos. Les hago preguntas y busco las palabras clave que luego pueda replicar en forma de dedicatorias chistosas. Cuando alguien me está conociendo por primera vez, intento recibirlo como si fuera la única persona a la que estoy conociendo ese día. Eso implica no prestar atención a nada de lo que quede fuera de la pequeña burbuja que formamos la persona a conocer y yo.

Durante años, mi sesión más larga de firmas había tenido lugar en la Barbara's Bookstore de Oak Park, en Illinois. Ocho horas. Por entonces me pareció una tortura. Ahora ocho horas no serían nada. Mis sesiones de firmas se alargan rutinariamente hasta alcanzar las doce y las catorce horas. David Sedaris firma libros hasta las cuatro de la madrugada. Stephen King solo firma entre trescientos y cuatrocientos ejemplares, y las librerías organizan una lotería para elegir a los lectores afortunados.

¿Ves lo que he hecho aquí? He pasado a la voz grande, haciendo una descripción general de otros eventos parecidos para sugerir el paso del tiempo aquella noche en El Cajon. De una persona sí que me acuerdo, una madre que se había sumado a la fila para darme las gracias. Yo había fabricado unos regalos y se los había mandado a su hijo y su hija adolescentes.

Al principio me pareció enfadada, pero simplemente estaba una poco perpleja porque un desconocido hubiera hecho algo que había puesto tan contentos a sus hijos.

Todavía no había tenido tiempo de alejarse de mí cuando la alarma antiincendios se puso a aullar. Algo blando me golpeó en el pecho. Una lluvia de golpes blandos cayó sobre la mesa de las firmas y sobre la moqueta que me rodeaba. Con el bramido de la sirena de fondo, solo la gente del frente de la fila había podido ver lo sucedido. La mayor parte de la fila todavía serpenteaba a lo lejos. El personal de la tienda estaba lejos y ocupado en las cajas registradoras.

Los testigos de aquella velada crearían después un hilo de discusión en internet. Y contarían que el joven rubio –el bromista de la novela mutilada de Don DeLillo–, después de que yo me negara a firmarle el libro, se había marchado de la tienda con un colega, montados en una moto. Poco después habían vuelto los dos y habían aparcado la moto en la acera, justo delante de la puerta principal de la librería. Y traían con ellos un tubo de cartón grande de esos que se usan para envíos postales.

Según los testigos, los dos hombres habían dado un latigazo al aire con el tubo para lanzarme lo que había dentro.

Y lo que me había golpeado eran ratones blancos. El tubo de cartón estaba lleno de esos ratoncitos blancos de nariz rosada y ojos rojos que venden las tiendas de animales para dárselos de comer a las serpientes. Y eran aquellos ratones lo que me había golpeado. Se habían estrellado sobre el suelo y sobre la mesa. No estaban muertos, pero sí muriéndose, sus cuerpos retorciéndose lentamente, los cuellos y espinazos rotos por el impacto. Les temblaban las patas y les sangraban las bocas. La gente se quedó en la fila, estupefacta. Aullaron las sirenas.

No se podía hacer nada más que pedir perdón por el retraso. No vino nadie a ayudar. Me puse a recoger los ratones. En mis manos, algunos arquearon el lomo por última vez, se retorcieron sobre mi palma y murieron. Algunos ya estaban muertos, pero todavía calientes, cuando los encontré estrellados contra las estanterías y desperdigados por los pasillos. Había muchísimos. Los recogí todos y los llevé a un almacén de la tienda para que descansaran en paz.

Los jóvenes que los habían arrojado se habían escapado por la salida de incendios. Eso explicaba las alarmas. Alarmas antiincendios. Cuando terminé de trasladar a los animalillos muertos y agonizantes a la parte de atrás, la tienda quedó en silencio. Abarrotada pero en silencio. Todavía quedaban unas cuatrocientas personas en la cola, unas cuantas de las cuales habían podido ver con claridad lo sucedido. Yo tenía sangre en las manos y también había quedado salpicada la mesa. Me lavé en el cuarto de baño. Volví para terminar mi trabajo.

De acuerdo con los testigos, nadie se había dado cuenta de lo que iba a pasar hasta que fue demasiado tarde. Y como nadie había podido detener la gamberrada, lo que hicieron fue atacar la moto y hacerla pedazos. Nadie llamó a la policía. Los hombres escaparon a pie. Todavía sigo en contacto con los libreros, que me contaron que los gamberros eran gente del pueblo. A veces el hombre rubio sigue pasando por la tienda. Ya debe de acercarse a la mediana edad.

Desde entonces, colecciono historias de eventos promocionales de autores que terminan con sangre. Como aquella vez en Seattle en que los fans intimidaron a Stephen King para que marcara con su sangre mil quinientos libros. O la del chaval que se cortó las venas con una cuchilla de afeitar en un Tower Records delante de Clive Barker, gritando: «¡Clive, esto es para ti!». O cuando en la venerable sala de conciertos Tipitina de Nueva Orleans un joven se desplomó y se fracturó el cráneo durante mi lectura de «Tripas». Más tarde, el librero me explicaría que después de todas las décadas de conciertos de punk y pogos de heavy metal que se habían celebrado allí, la lectura de un libro había provocado la peor lesión que se había visto en el local. Aquella misma noche había aparecido conmigo Monica Drake, y había hecho reír tanto al público que nadie se había dado cuenta de que se había hecho un corte en la pierna con una pieza del equipo escénico. Todos habíamos estado tan entusiasmados que nadie había visto que llevábamos toda la noche resbalando en un charco de sangre de Monica.

Son todas historias reconfortantes.

Además, a veces las reacciones adversas de los lectores pueden parecerse a recompensas. Un buen autor ha de intimidar al lector, cuando esté justificado. El trabajo del autor es cuestionar y aterrar al lector cuando haga falta, o por lo menos sorprenderlo. A menudo, persuadirlo para que experimente algo a lo que nunca se sometería de forma voluntaria. No debería sorprender a nadie que los lectores ofendidos o intimidados vayan a buscar vengarse, eso sí.

Mis editores me aconsejaron que no contara a nadie la historia de los ratones muertos. Les daba miedo que aparecieran imitadores. Durante un tiempo tuve guardaespaldas. Me sentí como si fuera Bret Easton Ellis.

Me pregunté a mí mismo: «¿Es el momento de dejarlo?». Ahora he contado por fin la historia de los ratones.

No lo dejé.

RESOLUCIÓN DE PROBLEMAS

Cuando jugaba al baloncesto en el instituto, un entrenador me hizo llevar pesas en los tobillos. Las pesas consistían en un par de kilos de perdigones de plomo cosidos a un bolsillo de cuero que se cerraba con velcro. Solo los pantalones acampanados podían esconder aquellos gruesos collares que llevaba sujetos a los tobillos, y los estuve llevando a diario durante meses, desde que me levantaba hasta que me acostaba.

De mayor, contraté a un preparador físico que me hizo atarme una cuerda en torno a la cintura y llevarla por debajo de la ropa, a la altura del ombligo. Las pesas de los tobillos me rozaban y hacían que me sudasen los pies. Al final del día, la cuerda me había dejado un surco rojo en la piel. Pero las piernas se me fortalecieron, y también aprendí a ejercitar siempre (o a menudo) los músculos del core.

Así pues, si fueras alumno mío, te diría que sí, que algún día podrás volver a usar verbos como «es» y «tiene», así como las medidas abstractas y los verbos de «pensamiento». De vez en cuando podrás usar la voz pasiva y los sumarios. Con el tiempo podrás usar ese texto recibido que son las frases hechas, cuando resulte apropiado. Pero primero quiero que evites todo eso. Durante los dos años próximos, al menos, quiero que sigas las reglas de este libro. Si las sigues, te verás obligado a inventar formas nuevas de contar una historia. Aprenderás a no salirte de la escena y a mover a tus personajes de forma física por su mundo. Por encima de todo, dejarás atrás esas formas facilonas de escribir «por defecto» que debilitan tu obra.

Escribir es ante todo resolver problemas. Con el tiempo, esas mismas reglas que ahora te coartan fortalecerán tu obra.

A continuación encontrarás un rápido chequeo diagnóstico. Encuentra la que te parezca que es tu debilidad y plantéate la causa y la solución posibles.

Problema:	**Tu voz narrativa es aburrida.**
Plantéate:	Lee el texto en voz alta. ¿Vas variando la longitud y la construcción de las frases? ¿Equilibras los diálogos con acciones y gestos físicos? ¿Mezclas distintas texturas de comunicación?
Problema:	**No consigues crear tensión.**
Plantéate:	¿Has establecido un reloj? ¿Vas limitando y revisitando los elementos de tu historia (escenarios, personajes, objetos)? ¿Acaso introducir elementos nuevos te obliga a usar verbos pasivos como «es» y «tiene»? ¿Usas diálogos tipo partido de tenis que resuelven al instante la tensión que genera cada cuestión? ¿Haces que toda serie sea una serie de tres? Por ejemplo, «aviones, trenes y automóviles. O bien «el Padre, el Hijo y el Espíritu Santo». En vez de eso, plantéate usar dos o cuatro elementos en cada serie. Tres elementos usan demasiada energía. ¿Permaneces dentro de una escena, o bien incurres en flashbacks frecuentes que sacan de golpe a tu lector del momento narrativo? ¿Te tomas las cosas demasiado a la ligera? Recuerda, los humoristas niegan demasiado a menudo cualquier tensión que se pueda crear y las strippers casi nunca. Añade más strippers. Ponle límites a tu ingenio.
Problema:	**Tus historias divagan y se pierden sin llegar a un clímax.**

Plantéate:	¿Has plantado una pistola? ¿Qué expectativa sin resolver puedes revisitar? ¿A qué personaje puedes matar en el segundo acto para darle más peso a la historia? ¿Puedes mandar a tus personajes a un breve viaje por carretera que destruya su complacencia?
Problema:	**Pierdes interés en la obra antes de terminarla.**
Plantéate:	¿Acaso esa obra explora un problema profundo y sin resolver que tienes? ¿Estás describiendo una serie puramente horizontal de nudos de trama que no profundiza en nada? ¿Estás reintroduciendo objetos y permitiéndoles que muten en otros símbolos?
Problema:	**Una escena se alarga y se alarga sin aportar nada al eje horizontal ni al vertical del relato.**
Plantéate:	Antes de escribir la escena, ¿la has planeado de forma deliberada? ¿Establece o introduce algo? ¿O incrementa el riesgo y la tensión? ¿Es un remanso para preparar una revelación que viene a continuación, o que sugiere el paso del tiempo? ¿O bien revela algo y resuelve tensión? Siempre, siempre has de tener una idea de cuál es el propósito de tu escena antes de empezar a trabajar en ella.
Problema:	**Tu obra no consigue atraer a ningún agente ni editor o al público.**
Plantéate:	¿Qué importa eso? Si escribir es divertido... si agota tus problemas personales... si te pone en compañía de otra gente que la disfruta... si te permite asistir a fiestas y compartir tus historias y disfrutar de las historias que cuentan otros... si estás creciendo y experimentando con cada borrador... si serías feliz escribiendo durante el resto de tu vida, ¿acaso hace falta que tu obra sea validada por otros?

Problema:	**Tu narrativa no atrapa a los lectores.**
Plantéate:	¿Te apoyas demasiado en la voz grande y en los verbos abstractos? Al lector siempre lo hipnotiza un objeto en movimiento dentro de un escenario. El ojo traza pequeñas trayectorias entrecortadas a menos que esté siguiendo a un objeto en movimiento. ¿Estás describiendo con claridad un objeto o a una persona en movimiento?
Problema:	**Tus inicios no enganchan al lector.**
Plantéate:	¿Empiezas con una frase de tesis que ofrece un sumario, o más bien suscitando una pregunta o una posibilidad atrayentes?
Problema:	**No tienes tiempo para escribir.**
Plantéate:	¿Escuchas música cuando vas y vienes del trabajo, o te puedes permitir fantasear en silencio? ¿Tienes un cuaderno y un bolígrafo en el baño? ¿Junto a la cama? ¿En el coche? ¿Le sacas el máximo partido a tu tiempo de escritura a base de compilar notas e ideas durante el resto de tu vida cotidiana?
Problema:	**No quieres espantar a tu familia.**
Plantéate:	Si cuentas la verdad, les estarás concediendo a los demás la oportunidad de hacer lo mismo. Siempre y cuando quede claro que estás escribiendo ficción, obligarás a los demás a reconocer el hecho de que quizá son los modelos en que están basados los personajes (y de que quizá sean unos capullos). Si se ofenden, simplemente puedes negar que los personajes están basados en ellos.
Problema:	**No puedes encontrar ningún taller de escritura.**
Plantéate:	Monta uno tú. Apúntate a una clase de algo. Encuentra cualquier estructura que te cree la responsabilidad de producir obra.

Problema:	**Tu taller es una mierda.**
Plantéate:	Como me dijo una vez Ken Kesey: «Todos los talleres son una mierda en algún momento» [«All workshops suck at some point»]. Os vais a amar y odiar entre vosotros. Pero, en última instancia, ¿tu taller hace que sigas produciendo obra?
Problema:	**Los escritores de tu taller piden cambios importantes en tu obra. Sugieren revisiones inútiles o bien emiten opiniones infundadas que no aportan ideas creativas.**
Plantéate:	Los guionistas que conozco tienen que aguantar reuniones maratonianas con productores y actores, que siempre les piden que hagan cambios tanto razonables como nada razonables en el guion en cuestión. El buen escritor sabe lo que puede usar y toma nota de los consejos útiles. Y el profesional sabe que no tiene que rebotarse, solo sonreír y dar gracias a todo el mundo por su aportación.
Problema:	**A tu público no le sorprende tu obra.**
Plantéate:	¿Y a ti? ¿Acaso te estás reservando la mejor idea para el final, o puedes usar esa idea potente cerca del principio y confiar en que la historia crezca de forma natural hasta un clímax más potente que no te habrías podido imaginar de entrada?
Problema:	**Escribes a partir de un esquema y pierdes interés cuando estás a la mitad.**
Plantéate:	¿Y si escribes a partir de un esquema parcial? Ten claro el parón mecánico del final del segundo acto y confía en que la historia se resolverá después mejor de lo que te puedes imaginar de entrada. ¿Cómo vas a sorprender a tu lector si no te puedes sorprender a ti mismo?
Problema:	**Tu obra no consigue romperles el corazón a los lectores.**

Ken Kesey

Plantéate:	¿Estás siendo demasiado ingenioso? ¿Has establecido una autoridad emocional? ¿Quizá tu historia suena demasiado a que la está contando un escritor en vez de una persona real?
Problema:	**Tu personaje principal es un estereotipo superficial.**
Plantéate:	¿Puedes hacer que cometa un acto completamente despreciable pero por una razón noble?
Problema:	**Tu obra no es tan buena como la de Amy Hempel.**
Plantéate:	Le pasa a todo el mundo.

POSTAL DE LA GIRA

Más o menos por la época en que nacieron los DVD, pero antes de que se extinguieran las máquinas de escribir, me llamó mi padre.

En una conferencia de larga distancia, me invitó a pasar la Navidad con él. Me dijo que tomara la línea Coast Starlight Limited desde Eugene, Oregón, hasta Portland; que allí cambiara de tren y tomara la Empire Builder en dirección este hasta Spokane. Un coñazo, pero, oh, ¡sorpresa! En plena Nochebuena me vino a recoger a la estación. Las cadenas de las ruedas de las máquinas quitanieves traqueteaban cada vez que cruzaban de lado a lado para mantener limpias las calles del centro.

Mi padre y yo llevábamos sin pasar una Navidad juntos desde que yo estaba en los Cub Scouts. Me faltaban dos semestres para sacarme la licenciatura de Periodismo y empezar a pagar una montaña de préstamos de estudios. Había elegido Periodismo porque parecía una apuesta segura. Escribir narrativa estaba descartado, porque, caray, todo el mundo sabía que la narrativa es una ruleta. Paramos con el coche en una cafetería para camioneros, donde mi padre se tomó un café mientras yo me comía un filete de pollo rebozado. Por fin se sacó de debajo del brazo un grueso sobre marrón y lo puso encima de la mesa.

Levantó la lengüeta del sobre para enseñarme su contenido. Sacó un grueso fajo de papeles, páginas pautadas de papel de cuaderno. Las desplegó encima de la mesa. Las páginas estaban todas escritas a mano. Garabateadas a lápiz y a bolígrafo.

–Quieres hacer rico a tu viejo, ¿verdad que sí? –me dijo.

¿Por qué me sorprendí? Hablo de un tipo, mi padre, que siempre estaba enseñándome un clip sujetapapeles o el cierre de plástico duro de la bolsa del pan. Y diciéndome: «¡El tipo que inventó esto ya no tuvo que trabajar nunca más!».

Se le había ocurrido publicar un libro para venderlo entre los empleados ferroviarios, tanto en activo como jubilados. A juzgar por las cifras de trabajadores sindicados, sería un negocio perfecto. El texto escrito a mano se componía de frases, párrafos e historias que había recopilado de sus compañeros de trabajo. Ya les había prometido un pequeño porcentaje de las ganancias. Para conducirlo a la abundancia, lo único que yo tenía que hacer era corregir el material. Quizá mejorar un poco las historias, me dijo. Añadirles color y acción, pulirlas hasta convertirlas en narraciones vigorosas y divertidas. Como *Los arrabales de Cannery* pero centradas en los trenes de carga. Y conmigo haciendo de Steinbeck.

Y las historias de trenes… yo había crecido oyéndolas. Mi padre se las traía a casa para contarlas a la hora del desayuno. Historias de las casas de putas de la calle A de Pasco, a las que se llegaba cruzando las vías desde el taller para locomotoras, un paseo corto para cualquiera que estacionara el tren allí. Historias de los indios de la reserva Colville, que se emborrachaban en las noches de niebla, se sentaban en las vías con una manta echada sobre la cabeza y se quedaban dormidos esperando. Largas descripciones de las tripas sanguinolentas y los retrasos resultantes. Historias de fantasmas con el mismo tema. Historias de palurdos de Idaho que se sentaban junto a las vías y usaban rifles para cargarse las ventanillas de los Cadillacs que eran transportados a Seattle en vagones de carga abiertos. Imagínate un centenar de Caddies listos para exposición completamente acribillados. Historias de esos mismos palurdos provocando descarrilamientos –con bloques de cemento, con barras de hierro– para poder saquear los vagones estrellados. Historias sobre los policías ferroviarios que les saltaban los dientes a golpes a los vagabundos cuando se los encontraban subidos a los vagones.

Pero los relatos que me había traído ahora, garabateados por guardafrenos y revisores de carga, no eran como los que me habían encantado a mí. Escritas con caligrafía torpe, lo que había allí eran escenas de tipos afables jugando al pinacle alrededor de estufas abombadas de carbón en furgones de cola anticuados. Por aquellas notas garabateadas no rondaban ni fantasmas desmembrados ni putas de patio de vías. Si algo necesitaban aquellos relatos era que los despulieran. En la facultad de Periodismo no enseñaban descorrección; pero tampoco podía negarme.

Me vio hojear las páginas.

–¿Estás saliendo con alguien? –me preguntó.

Quería decir con alguna chica. ¿Cuándo me iba a casar y formar una familia? A mi edad, él ya se había casado, había tenido tres hijos y había hecho chorrocientos mil cambios de vías para la Northern Pacific. Ahora vivía solo en una casita en el bosque en el monte Spokane. Mientras yo fingía leer las historias, se levantó para usar la cabina. Las cabinas telefónicas estaban a punto de desaparecer del mundo, igual que las máquinas de escribir, aunque todavía no teníamos ni puñetera idea.

Volvió a la mesa sonriendo. Le habían ofrecido un turno para cubrir vacaciones con paga triple. No podía dejar pasar un dineral así. Me dijo que terminara de comer para poder dejarme en un motel de bloques de hormigón que había en el parque de restaurantes de comida rápida, con olor a pollo frito, de la salida del centro de la ciudad. Yo y mi grueso sobre lleno de recuerdos censurados, sin tensión ni suspense.

–Lo entiendo –mentí.

El trabajo siempre había sido la noble excusa que usaba mi familia para huir de sí misma. Siempre nos presentábamos voluntarios para hacer turnos dobles en Acción de Gracias y

Navidad. «Me encantaría ir –nos decíamos entre nosotros, con un encogimiento de hombros–. Pero estas fiestas me toca trabajar».

Cintas para máquina de escribir y teléfonos fijos y tocadiscos. ¿Adónde se fue todo tan deprisa?

Mi padre se marchó a trabajar.

A la mañana siguiente, pasando frío yo solo en plena mañana de Navidad, encendí el televisor del motel.

Estaba empezando una película. En el tocadiscos sonaba un tema de Cat Stevens mientras un actor invisible encendía una vela. Después escribía una nota de suicidio. El actor se subía a una silla y metía la cabeza en una soga. Apartaba la silla de una patada. A lo largo de la película fingía degollarse. Inmolarse. Destriparse. Y nunca moría. En vez de morir, al final le proponía matrimonio a Ruth Gordon.

Lo que Tom llamaría «ese momento que lo cambia todo para ti».

¿Me creerías si te dijera que fue mi padre quien me compró mi primer diccionario? Cuando iba al instituto, le dije que quería ser escritor y me lo regaló por Navidad. Dios sabe dónde lo había encontrado. Décadas antes de internet, se trajo a casa un diccionario del tamaño de una maleta. Las páginas centrales eran láminas satinadas a color, ilustraciones de minerales preciosos y semipreciosos, la fauna nativa de cada continente, las hojas y flores del mundo. Era demasiado grande y pesado para cargar con él, pero era el más grande y caro que mi padre había encontrado. Que una de sus muchísimas tumbas esté siempre en mi cabeza.

Se estaba terminando la película en televisión y yo seguía sentado en aquella habitación mohosa de motel el día de Navidad. Pero el mundo de fuera ya no era el mismo. La nieve... incluso el cielo era nuevo.

Era un mundo donde podía pasar cualquier cosa. El centro de Spokane ya no era solo Spokane. Y deambulé por aquel laberinto de calles vacías y heladas, maravillándome de la explosión de todo lo que de pronto era posible.

Poco después de morir mi padre, pero justo antes de que empezaran a desaparecer los contestadores automáticos y las cámaras desechables de cartón, viajé a Londres. Estaba en plena gira promocional de algún libro, haciendo la ronda de entrevistas de radio de los distintos programas de la BBC. En los taxis y en el metro me acompañaba la agente de prensa que me habían asignado, Sue. A la preciosa Sue le silbaban los hombres desde los andamios de las obras. Y quizá la gente se quedaba mirando a Sue, pero ella estaba distraída buscando al elefante.

El Elefante del Sultán era una acción artística callejera. Parte robot y parte marioneta, era una obra de arte encargada por el Ayuntamiento. La performance arrancaba una mañana con lo que parecía una nave espacial estrellada en un cráter humeante en Pall Mall y debía durar siete días. Según los rumores, aquel elefante robótico gigante se pasaría aquel tiempo deambulando por el centro de Londres.

No conocíamos a nadie que hubiera visto al elefante. Los atascos de tráfico, en cambio, sí los habíamos visto. Cada vez que parábamos un taxi, nos encontrábamos al conductor maldiciendo al elefante. Nos pasábamos el día en atascos, oyendo que el elefante estaba en la calle Gower, o en Soho Square, siempre a la vuelta de la esquina; siempre nos lo perdíamos por poco. Oíamos las bocinas de los coches. La semana se estaba acabando. El Elefante del Sultán se marcharía pronto. Sue y yo no perdíamos la esperanza de verlo, pero teníamos un libro que promocionar.

El último día del elefante en Londres, fuimos a la librería Waterstone's de Piccadilly. Un edificio que ocupaba una manzana entera, con todas las paredes exteriores de cristal, que los libreros llamaban el Crystal Palace. Le estrechamos la mano a otro escritor y hablamos ante un público de compradores de libros en una sala de conferencias de un piso alto. La gente comía de fiambreras. Todos echaban vistazos furtivos por las ventanas. Escuchábamos por si oíamos algún coro de furiosos bocinazos que pudiera anunciarnos la llegada del elefante.

¿De qué hablamos? ¿Hacía sol? ¿Acaso importa?

Cuando estábamos saliendo del edificio, bajando por una escalera de cemento que llevaba a la puerta metálica de una salida de incendios, lo oímos por fin. Ecos de música por entre las cornisas y las cariátides, los frontones con florituras estilo decoraciones de pastel y los ventanales palladianos de piedra tallada de los edificios de oficinas dickensianos. Vino flotando en nuestra dirección una música de sitar y flautas y tambores. Los coches desaparecieron de la calle de un solo sentido, como si algo situado más allá de la curva siguiente hubiera bloqueado el flujo del tráfico. La gente de las aceras se olvidó de ir a donde fuera que iban. Hombres de negocios con sombreros, paraguas y maletines. Gente empujando carritos de bebés. Agentes de policía. La preciosa Sue y yo. Todos nos habíamos detenido para ver qué estaba a punto de aparecer por el recodo más lejano de la calle.

Banqueros con trajes de raya diplomática. Yuppies vestidos a la última, a los que por entonces llamaban Sloane Rangers. La calle se convirtió en una foto fija de gente que contenía la respiración.

Una docena de libros más tarde, conté esta misma historia durante una cena. Mi versión de mi encuentro con el elefante. Estaba sentado en una punta de la mesa alargada cuando en la otra punta una mujer a la que yo no conocía –no nos habían presentado– se echó a llorar. La atención se desvió de mí a ella, que se puso a explicar entre sollozos que también había estado en Londres aquella semana. Había visto al elefante y llevaba desde entonces intentando contárselo a la gente.

–Nadie me creía –dijo, respirando con dificultad–. Nadie entendía cómo aquella experiencia me había cambiado... –Había empezado a dudar de su propio recuerdo del episodio.

Pero oírme le había confirmado que no estaba loca. Y tampoco había estado exagerando.

Primero apareció un equipo de hombres con turbantes y pantalones holgados, caminando por el centro de la calle. Detrás de ellos subían y bajaban unas pezuñas grises y unas patas altas como edificios, una trompa bamboleante, unos colmillos, y sobre el lomo del elefante, una pagoda llena de bailarinas con los pechos desnudos. Había más hombres caminando junto a las patas enormes y detrás de ellas. Detrás del todo se apelotonaba el tráfico retenido.

Las bailarinas con velo y pechos desnudos danzaban. Los músicos tocaban. Las caras se agolpaban para mirar desde las ventanas altas de los edificios, que ahora quedaban a la misma altura que la cabeza enjoyada del elefante y los estandartes y banderines que ondeaban en el templo de *Las mil y una noches*.

La trompa del elefante se bamboleó y expulsó un géiser de agua. Con presión digna de una manguera, roció a la multitud. Agua fría. La gente chilló y se apelotonó para refugiarse en los portales. Las bolsas de la compra de papel quedaron hechas pedazos. Los gritos se convirtieron en risas, a todo el mundo le resbalaban los zapatos en la acera mojada.

Por encima de nosotros salió un joven de una ventana abierta. Llevaba camisa azul marino de un tejido satinado y reluciente y caminó hasta el borde de una cornisa ornamental. Por encima de la cabeza del elefante, se irguió en actitud de suicida sobre la calle, usando las dos manos para manejar una cámara de cartón. Estaba mirando con el ceño fruncido por el visor, haciendo fotos, cuando la trompa se meció en su dirección. Lo alcanzó una ráfaga de agua y se le cayó la cámara. Los tambores y las flautas guardaron silencio. Dejaron de sonar las bocinas.

La mirada colectiva del gentío siguió la caída de aquella cámara por entre las ventanas; la seguimos con la mirada por entre ventanas y más ventanas y más ventanas, y también por entre las caras que la observaban fijamente, hasta que se estrelló en el cemento. El joven también se resbaló, con su camisa azul marino y sus elegantes zapatos de cuero, tambaleándose de golpe en aquella cornisa mojada e inclinada para desaguar la lluvia. Intentó agarrarse a algo. Todo el mundo gritó al unísono y mi grito se unió al de Sue, y el de ambos resonó junto con los de los abogados, las bailarinas de pechos desnudos y los taxistas, cuando todos visualizamos la caída del hombre.

La gente apartó la cara. La gente cerró los ojos para no verlo. Todos convencidos de que el hombre se había estrellado a nuestros pies.

Ese momento que lo cambia todo para ti.

¿Me he olvidado de mencionar el poste de bandera que el hombre tenía cerca? Si no lo he mencionado es porque no había ningún poste de bandera. Mejor dicho, no lo había hasta que el hombre lo agarró. Su mano agarró el poste de bandera mojado que sobresalía de la cornisa y consiguió detener la caída durante el instante que la gente del otro lado de la ventana abierta tardó en sujetarlo por la camisa.

Habíamos presenciado la muerte de un hombre. En nuestras mentes estaba muerto, pero luego ya no lo estaba.

Se había salvado. Volvieron a sonar los instrumentos de viento y los tambores. El elefante dio otro paso colosal. Ahora estábamos temblando por culpa de la ropa empapada. Quejándonos de cómo nos habían quedado los zapatos y el pelo. Se nos habían parado los relojes de pulsera mojados. Las bocinas de los taxis ahogaban la música.

Las cámaras de papel, los relojes de pulsera, los ejemplares de *La profecía celestina*... ¿cómo pudieron evaporarse sin más unas cosas de tan vital importancia? Todo aquel mundo de impresoras matriciales y de arrancar las tiras del tracking del borde de papel continuo de impresora... todo desapareció.

Antes de que el elefante se perdiera de vista, la gente ya estaba contando la historia: no tenía nada que envidiar a Lázaro, aquel hombre que había caído y había vuelto a la vida.

Seguramente todavía la siguen contando.

En los últimos días de los mapas de carreteras, antes de los sistemas de posicionamiento global y de las aplicaciones para compartir coche, mi editora francesa organizó una cena en su apartamento de la Rive Gauche. En calidad de invitado de honor, me sentaron a la cabecera de la mesa. El resto de los comensales era un grupo de amigos suyos que fumaban, bebían y discutían sin rencor acerca de cuál de ellos había hecho adictos a la heroína a los demás. La impresión que me llevé era que todos los presentes habían sido o todavía eran drogadictos. Una conjetura confirmada por el hecho de que no paraban de excusarse de la mesa para ir al baño por parejas y volvían sonriendo y dando tumbos.

Yo acababa de llegar de Portland aquella tarde, estaba agotado por el jet-lag y me había pasado la tarde posando para un fotógrafo que me había pedido que me agachara en el suelo del armario vacío de mi habitación de hotel porque necesitaba un fondo completamente blanco. Me explicó que el flash de halo que usaba –una especie de estroboscopio circular que rodea la cámara y supuestamente ilumina al sujeto desde todos los ángulos– me ocultaría las ojeras y me borraría las venas rojas de los ojos, cansados e inyectados en sangre. Al día siguiente tenía entrevistas y más fotógrafos, una firma de libros por la tarde y una larga cena con una mesa llena de periodistas. De manera que aquella noche lo único que quería hacer era llegar a mi hotel e irme a dormir, pero como la fiesta era en mi honor, allí seguía yo sentado, con el humo de los cigarrillos metiéndoseme en los ojos, sin entender ni papa de francés y sintiéndome cada vez más como el cachorrillo del capítulo 2 de *El gran Gatsby*, rodeado de borrachos gritones, soñoliento y olvidado.

¿He mencionado que también estaba enfadado? De hecho, estaba que echaba humo. Al día siguiente tenía mucho trabajo, y lo mínimo que podían hacer aquellos franceses era darme de cenar y acostarme. Y lo que es peor, el día antes se había muerto mi abuela. Había estado tomando una medicación para paliar el dolor de la artritis y de esa manera poder seguir trabajando, y la medicación había enmascarado los síntomas de una diverticulitis aguda. Mi abuela había muerto de repente y con dolor, su funeral era al día siguiente y yo me lo iba a perder porque tenía una gira promocional.

Para empeorar las cosas, la anfitriona puso en la mesa un plato de queso brie. En calidad de invitado de honor, me correspondía servirme el primer corte de la gruesa cuña de queso, tal como me explicaron en inglés. También me intentaron enseñar la rima admonitoria francesa: «Tinto antes que blanco, está bien por los dos flancos. Blanco antes que tinto, te lo niega el instinto». En otras palabras, si bebes vino blanco y después tinto, tendrás resaca. Les repetí obedientemente las frases en francés. Cogí el cuchillo y corté el pedacito más pequeño que pude de la punta del taco de brie.

La mesa entera se volvió loca. Yonquis o no, se pusieron todos a graznar: «¡Qué americano!» y «¡Típico de americano!». Al parecer me había servido un trozo del centro del queso, que es la parte más blanda y cremosa. Lo correcto habría sido cortar todo un costado de la cuña, tomando así una pizca del centro pero también del borde.

Me disculpé y regresaron a su discusión, arrojándose unos a otros palabras francesas imposibles. Un hombre y una mujer salieron dando tumbos del baño y empezaron a excusarse. Tenían que trabajar por la mañana y necesitaban retirarse temprano para descansar.

¿Temprano? Pero si ya era bastante tarde… Vi mi oportunidad y les supliqué que me llevaran con ellos. Se encogieron de hombros. Me subí al asiento trasero de su minúsculo coche.

Así de drogados iban: se paraban en los semáforos rojos; la luz cambiaba al verde y seguían sin moverse; la luz cambiaba al rojo y seguían sin moverse. Los demás coches se arremolinaban a nuestro alrededor, haciendo sonar las bocinas. Mis compañeros de vehículo arrancaban a toda prisa, pero solo para detenerse y quedarse adormilados en el siguiente semáforo.

Era el miedo lo que refrenaba mi furia. No me acordaba de cómo se llamaba mi hotel, ni mucho menos de la dirección. Llevábamos rato pasando una y otra vez por delante de las mismas estatuas y fuentes. Íbamos conduciendo en círculos. ¿Dónde estábamos? A saber. Podía salir del coche, pero no sabía si aquel barrio era seguro o peligroso.

Por fin aparecieron más adelante las luces de la Torre Eiffel. El colocado conductor pisó el acelerador y nos saltamos uno, dos y tres semáforos en rojo, a toda pastilla, serpenteando por entre el escaso tráfico hasta que la rueda delantera golpeó el bordillo y nos detuvimos en seco, aparcados en la acera de la base de la torre... al lado de un coche de policía.

El hombre y la mujer se bajaron de los asientos delanteros y echaron a correr plaza a través, dejando abiertas las portezuelas del coche, los faros encendidos y el motor en marcha. La policía tenía que haberlos visto. Mientras corrían hacia la zona de debajo de la torre, me gritaron:

–¡Corre, Chuck, corre!

Tenían drogas. Yo sabía que tenían drogas. Se estaban escapando para no ser detenidos y me habían dejado en un coche lleno de drogas. La policía me estaba mirando y yo iba a terminar en una cárcel francesa, a menos que actuara deprisa.

Eché a correr, claro. Lo único que sabía decir en francés era «Rouge puis blanc...». Eché a correr detrás de los traficantes de heroína fugados. Y la policía salió corriendo detrás de mí. Todo el mundo cruzando la plaza a la carrera, por entre las patas de la Torre Eiffel.

Y allí se detuvieron. La pareja se detuvo y yo también. Jadeando y desfondados, me gritaron:

–¡Mira hacia arriba, Chuck, mira hacia arriba!

Había unos cuantos curiosos mirando. Los agentes de policía nos estaban alcanzando.

Desde donde estábamos, bajo el centro de la torre, esta se elevaba como un gigantesco tubo cuadrado. Los focos convertían la estructura piramidal en un túnel de luz radiante que parecía extenderse hasta el infinito. Con el corazón a cien, sudoroso y un poco borracho, levanté la vista para contemplar aquel glorioso túnel de luz.

Y el mundo entero desapareció en la oscuridad.

Todo había dejado de existir. Sin puntos de referencia visuales, perdí el equilibrio y me desplomé sobre el cemento pegajoso. Todo el mundo ahogó una exclamación al unísono, y eso y los latidos de mi corazón se convirtieron en los únicos sonidos que yo oía. Estaba ciego. El mundo había desaparecido. Y mis dedos se aferraron al áspero suelo por miedo a perderlo también.

Alguien se puso a aplaudir. Y todo el mundo se sumó al aplauso.

Se me acostumbró la vista a la falta de luz. La pareja drogadicta y la policía seguían allí. Sobre nosotros se elevaba la Torre Eiffel, que ya no era un túnel de luz, sino una oscura y acechante torre petrolera.

¿Me tomarás por loco... o peor, me tomarás por mentiroso si te cuento que, durante aquel largo momento en que el mundo había desaparecido y yo me sentía suspendido en la nada, pude oír hablar a mi abuela? La gente se inventa estas cosas, pero ¿de dónde viene nuestra imaginación? Lo único que te puedo decir es lo que me dijo su voz. Me dijo: «Para esto vivimos. Venimos a la Tierra para tener estas aventuras».

Ese momento que lo cambia todo para ti.

Los adictos a la heroína habían estado haciendo teatro. Durante toda la cena, la mesa entera había estado discutiendo cuál era la experiencia que yo debía tener, que ellos me debían suministrar, durante mi estancia en París. Todo el mundo sabía que estaba agotado, y que mi horario no me permitiría ver la ciudad. De forma que se habían confabulado para llevarme a aquel sitio exacto y exactamente a medianoche, cuando se apagaban las luces de la Torre Eiffel. Me habían provocado con el queso y se habían metido conmigo hasta dejarme completamente frustrado. Y después me habían mantenido despierto. Una vez dentro del coche, se habían entretenido en los semáforos para poder llegar al Champs de Mars momentos antes de la medianoche.

Habían escenificado la huida frenética para dejarme sin aliento en aquel lugar exacto. Hasta la policía había entendido, más o menos, lo que estaba pasando. Yo lo había malinterpretado todo.

Aquellos desconocidos a los que tanto había odiado, en una ciudad que había empezado a temer y despreciar, habían conspirado para hostigarme, para enfurecerme. A fin de cuentas, un grupo de personas había conspirado para provocarme una felicidad que nunca podría haberme imaginado.

Vamos controlando a Tom. Algunos de sus antiguos alumnos. Alguien pasa por su casa y después les cuenta a los demás si Tom se ha podido acordar de su nombre. O si ha perdido peso. O incluso si ha vuelto a escribir. Al final, todo escritor termina convirtiéndose en la historia de otro escritor.

No te quedes con la idea de que el taller de Tom siempre fue pura felicidad. Había alumnos que querían un éxito inmediato y que lo atacaban si no lo obtenían. En los últimos años, una alumna acusó a Tom de favorecer a sus estudiantes hombres, y se puso a hacer campaña para que todas las mujeres abandonaran el taller.

Más recientemente salió a la luz que un empleado de mi agente –de la misma agencia que representaba a Tom– llevaba años malversando dinero. El dinero de Tom, el de Edward Gorey, el de Mario Puzo, el mío, millones de dólares. ¡Eso me pasa por no cuadrar nunca mis cuentas!

La agencia cerró. El ladrón fue a la cárcel y los tribunales no pudieron encontrar dinero que recuperar.

Esto no es un final feliz, al menos no exactamente. Pero siempre hay un final después del final. La frase es mía.

Si fueras alumno mío, te pediría que te plantearas una última posibilidad.

¿Y si toda nuestra furia y nuestro miedo están injustificados? ¿Y si los acontecimientos mundiales se están desarrollando en el orden perfecto para llevarnos a una felicidad futura que en estos momentos todavía no podemos imaginar?

Por favor, plantéate que el siguiente final será el feliz.